本项目由济南市精神文明建设委员会办公室策划发起，济南市公安局交通警察支队联合山东大学综合交通运输科学与技术中心组织实施。

济南市文明交通行为导则(2020版)

济南市公安局交通警察支队 编著

山东大学出版社

图书在版编目(CIP)数据

济南市文明交通行为导则:2020版 / 济南市公安局交通警察支队编著. —济南:山东大学出版社,2020.10
ISBN 978-7-5607-6742-0

Ⅰ.①济… Ⅱ.①济… Ⅲ.①道路交通安全法-济南 Ⅳ.①D927.521.229.6

中国版本图书馆CIP数据核字(2020)第193908号

策划编辑 宋亚卿
责任编辑 宋亚卿
封面设计 张 恒

出版发行 山东大学出版社
社 址 山东省济南市山大南路20号
邮政编码 250100
发行热线 (0531)88363008
经 销 新华书店
印 刷 济南乾丰印刷有限公司
规 格 787毫米×1092毫米 1/16
6.75印张 112千字
版 次 2020年10月第1版
印 次 2020年10月第1次印刷
定 价 22.80元

序

改革开放四十余年来，我国的民主法治建设持续推进，社会文明程度不断提升。在道路交通安全管理领域，形成了以《中华人民共和国道路交通安全法》为基础和引领，以相关法律、行政法规、地方性法规、部门规章和地方政府规章，以及各种技术规范为内容的法律法规规范体系，为加强道路交通安全管理，保障人民群众合法权益，营造安全、畅通、有序的道路交通环境提供了系统性的法制保障。

2019 年 3 月 1 日，《济南市文明行为促进条例》正式施行，这是济南市首部文明行为促进方面的专项地方性法规。其中，交通行为的规范与促进是该条例的一项重要内容。这意味着文明交通出行成为文明城市建设的重要组成部分和每一位市民的法定义务及社会责任。文明城市应当由全体市民共建共治共享，而交通文明同样也需要每一位出行者、管理者和服务者的共同努力。

为此，济南市精神文明建设委员会办公室、济南市公安局交通警察支队联合山东大学，在对济南市交通运行状况、城市文明建设、市民出行特征等要素进行充分调研和分析研判的基础上，共同编纂出版了《济南市文明交通行为导则（2020 版）》。本导则是我国第一部对国内外现有道路交通出行法律法规、技术规范及相关宣传推广知识进行全面汇集、梳理、分类、整合的道路交通出行规范，具有较强的集成性、系统性和指导性；并在社会主义核心价值观的指引下，对城市交通规划、建设、管理理念进行了反思，提出了对城市可持续发展的思考；同时，借助绘图等技术手段，对法言法语进行通俗化、可视化解读，增强了道路交通出行规则的可读性、趣味性和可接受性。

该导则作为《中华人民共和国道路交通安全法》《济南市文明行为促进条例》等法律法规的重要配套文本，旨在让广大市民群众全面、系统地学习掌握道路交通行为规范，积极践行绿色、低碳交通方式，自觉承担社会责任，养成文明交通出行习惯，兼具法律的强制性和道德的约束力；通过规则之“通”实现城市之“通”，通过“交通文明”引领“社会文明”，有效促进整个城市的安全、文明与和谐，助力济南市建设“大强美富通”现代化国际大都市目标早日实现。

济南市文明交通综合水平提升课题组

2020 年 7 月

如何使用本书

本书作为交通出行的指导手册，适用于每一位想要了解和学习交通安全规则和文明出行守则的济南市民；同时，由于交通规则和文明守则的普适性，除部分道路条件略有差异外，本书同样适用于我国其他城市和地区想要了解和学习道路交通安全相关知识的广大朋友。

本书分为理念篇、导则正文和附图三部分。理念篇介绍了济南市城市建设的最新成果与城市交通发展现状，辅助读者深入了解城市快速发展给城市交通带来的压力与挑战。济南交警解决城市交通矛盾点的努力从未止步，近年来推出了智慧交通管理体系，目标即是通过交通管理者与参与者的共同努力，实现文明高效出行。该部分同时向广大市民倡导新时代的出行理念：安全出行、文明出行、绿色出行和智慧出行。

导则正文部分从交通出行的一般理念、通识规则、具体细则三个层次明确了市民日常出行中普遍适用的交通规则和文明出行的道德守则。其中，一般理念、通识规则适用于所有道路使用者和出行方式；具体细则则按照出行方式分为“步行篇”“骑行篇”“驾驶篇”和“乘车篇”，涵盖了市民日常出行的基本方式。每一类出行细则都保持了相对稳定的结构、逻辑和内容，包括相应的基本规则、安全要求、文明要求以及对特别人群的关爱和对特殊天气的应对，并遵循从一般到特殊的逻辑渐次展开。比如在“骑行篇”中，不仅介绍了骑行的一般规则和注意事项，还专门介绍了“骑电动车”“骑摩托车”的特别规则和特别注意事项。

为了帮助市民朋友更直观、便捷地了解和掌握交通出行中的基本规则，我们从“通识篇”到“乘车篇”共提炼出了 38 条“你必须知道的交通规则”，以插页的形式放在每篇开篇位置；同时，为了增强本书的形式美感和阅读趣味性，我们还在正文部分采用了大量表格形式，不同颜色的表格代表了不同类别的通行规则和文明守则：青色表格代表通行规则规范，紫色表格代表交通出行常识性规则规范，浅绿色表格代表具有济南特色或已经在济南市交通法规规章中规定下来的规则规范，而蓝色表格则是对域外道路交通规则规范的有益借鉴。

此外，正文部分还为交通出行的应急救援、事故处理编制了提高应急反应速度和处理能力的知识和技能，对安全知识、道路语言等内容也作了系统、细致的介绍。

附图部分主要通过情景图片的形式,生动地还原了一些在日常出行中的违法及不文明行为,使读者对这些行为有更清晰直观的认识,并为市民出行提供文明安全的行为示范。

最后需要说明的是,本书中所称的道路包括城市城区范围内的快速路、主干路、次干路、支路等城市道路和连接城区周边主要行政区和功能区的公路,不包括高速公路。

目 录

一 理念篇

人们来到城市是为了生活，人们居住在城市是为了生活得更好。

——（古希腊）亚里士多德

1. 历史与现在

一个老城，有山有水，全在天底下晒着阳光，暖和安适地睡着，只等春风来把它们唤醒，这是不是个理想的境界？

—— 老舍《济南的冬天》

大约九十年前，老舍先生笔下的泉城济南带给我们无尽的想象空间，至今读来仍如撞钟已止而余音缭绕不绝、意蕴悠远。如果说 20 世纪，我们还徜徉在老舍先生笔下老济南街巷的皑皑白雪中，而今，随着光阴的变迁、社会的发展，那个原本安静而温暖的泉城济南，变得愈来愈热闹非凡、生机盎然。

▲ 济南市大明湖公园实景图

随着济南城市发展战略规划的提出和落实，泉城济南沿着经十路这条城市发展轴，不断地向东西两翼拓展。十多年时间里，“东拓”“西进”成效显著，长清大学城、济南西客站、国际金融城、唐冶、新东站、彩石等重点片区以可见的速度，从规划变成现实。我们朝夕生活的家园，从小城变成了大城，由大城变成了区域性中心城市，城市大了，人口多了，道路宽了，楼长高了，环境美了，日子富了，这一个个看得见的变化正在汇聚成一个全新的济南，让市民的获得感、幸福感不断增强。特别是，2018 年济南市启动了“北跨”战略，城市布局向北挺进，济阳撤县划区，“三桥一隧”（齐鲁大桥、黄河大桥、凤凰大桥以及穿黄隧道)加快建设,新旧动能转换先行区建设全面破题起势,"北跨"携河发展已开足马力,泉城济南的发展也一举由"大明湖时代"迈进"黄河时代"。短短几年间,济南摘得了"国家文明城市""全国卫生城市""国家创新型城市""国际花园城市"等桂冠。

▲ 济南市夜景图(a)

▲ 济南市夜景图(b)

全国新旧动能转换综合试验区、中国(山东)自由贸易试验区、黄河流域生态保护和高质量发展等三大国家战略在济南交汇叠加,建设"大强美富通"现代化国际大都市的战略目标,以及创建国家中心城市的发展定位越来越清晰、明确,济南这座千年历史文化名城,迎来了千载难逢的发展机缘。

▲ 济南市新旧动能转换先行区规划效果图

2. 困惑与反思

对于一座城市来说,交通犹如她的血脉,给她带来活力。德国人文地理学家 F.拉采尔(Ratzel Friedrich)曾指出,“交通是城市形成的力”,它反映和深刻影响着生产要素的流动、城市体系的发展,甚至是城市未来的走向,在城市发展中起着越来越重要的作用。

在城市交通快速发展的同时,成长中的烦恼也悄然而至。市民出行虽然实现了从步行、骑行到机动化的升级换代,但城市空间却逐渐被汽车“精打细算”地塞满,“拥堵与事故、能耗与污染”等“城市病”正困扰着市民的生活,影响着城市的品质。我们不得不停下来思考:究竟是什么原因使机动化出行越来越感觉不到自由和舒畅?

▲ 济南市经十路与舜耕路路口实景图

中国社会科学院发布的《中国汽车社会蓝皮书》指出,按照国际标准,当一个国家或地区每百户家庭汽车保有量达到 20 辆时,通常被看作进入了汽车社会。按照这一标准,济南已经进入了汽车社会,发达国家几十年甚至近百年才走完的历程,我们仅用了短短十几年的时间。而汽车文明则是人类进入汽车社会后形成的一系列物质和精神方面的文明形态,它包括交通法律制度的健全、道路交通设施的完善、交通参与者安全文明意识的养成等方面,它的构建需要经历漫长的时间。我们在城市化进程尚未完成的时候，机动化就已快速来临，带状城市布局、强中心式功能分布，成为车流产生和高度集中的直接动因；职住分离、商住分离，成为个体机动化、长距离交通生成的重要因素；公共交通契合城市绿色、低碳、可持续发展的要求，却迟迟没有发挥出城市交通的主体本色；步行、骑自行车本应作为短途出行的理想方式，却因空气质量、通行条件的恶化等原因让人视为畏途；对小汽车的过度依赖，使四通八达的道路呈现出饱和状态；更重要的是，一些交通参与者的规则意识、文明意识淡薄，使人们无法在日常出行中建立起彼此尊重、互相关爱的联系纽带。面对这些与城市发展相伴而生的交通问题，我们曾经一度将治理思路定格在“以车为本”上，全力满足小汽车日益增长的通行和停车需求，但却导致城市被持续增长的小汽车迅速填满，使城市交通陷入越治越堵的怪圈，成为有限的城市空间和生态环境不能承受之重。这一切，或许是因为我们走得太远，以至于忘记了为何而出发，城市为谁而建。站在城市发展的十字路口，在社会主义核心价值观的指引下深入反思，我们认为，“公平、效率、平凡、唯民”才是城市交通的题中应有之义。

公平，给道路以温度。道路作为社会公共设施，属于所有交通参与者，他们应该平等地享有交通时间和空间；公平是交通的品格，公平的交通给人温暖，让城市更有温情。日常交通中，小汽车的出行分担率仅占 30%，却占用了 70%的道路资源，而其他70%的步行、非机动车出行、公交出行等出行方式，只占用了 30%的道路资源，这显失公平。宪法与法律保护公民的基本需求和权利，而小汽车不属于基本交通需求，我们不能把消耗巨量政府财政和公共资源建造的道路（包括通过路口的时间）大部分投向这种小众出行，而应该更多地提供给绿色低碳的大众出行。因此，我们呼唤路权公平的回归，倡导建设“绿色交通保障体系”和“小汽车防控体系”，提倡“慢行光荣，公交优先”，让绿色低碳出行获得公平的路权和应有的尊重。

效率，给道路以韵律。城市交通的运行效率不能单纯以速度的快慢来衡量。我们一度认为，高架路、立交桥、宽马路能让汽车快速地通过，但汽车由此进入市区后会立即形成“车流内涝”，交通拥堵反而让车速变慢；而窄马路、密路网的设计比宽马路、低密度的道路更有效率，对慢行更为友好，可以增加步行和自行车交通的可达性，减少过街和绕行距离，更方便行人特别是老人、儿童过街，也更适合我国城市土地紧缺、人口密度高的现实。因此，我们应该用最少的资源消耗维持一个高效的交通体系，唯此才能奏出和谐、欢快的城市乐章。同时，显失公平的交通规划和规则也会导致城市效率的低下，交通政策比交通工程更加重要，它将决定城市的未来。秩序也是效率，维护良好的交通秩序、倡导安全文明出行，同样能提升交通效率。

平凡，给道路以记忆。习近平总书记曾说，要“让城市融入大自然，让居民望得见山、看得见水、记得住乡愁”。这是每一个平凡人最朴素的要求。衣食住行，日复一日，以及路上的很多人、事、物、景，都会深深地印刻在人们的脑海里，成为最美好的记忆。与自然和谐共处的交通环境是生态文明城市的重要组成部分。很多人以为，宽阔的大马路、壮观的立交桥、凌空而起的高架路才是现代城市的标配。但路宽了、桥多了，人气也散了，仅剩下点到点的通过。交通，不能一味地追求视觉冲击，应该实用为先；不是复杂的，而是简单的；不是高贵的，而是平实的，能让更多人共享；不是乏味的，而是能让人逗留、聊天、健身、展示才艺；或如我们儿时那样，能街头嬉戏、寻觅美食、牵手漫步……充满了乐趣。城市是一个“生活”的寓所，平凡是道路的本性，我们要让道路回归它本来的样子，传承历史，承载我们的情感以及那些朴素的记忆。

唯民，给道路以生活。自汽车诞生的那一天起，我们就一直为它着想，而忽视了交通的主角是人。道路属于年轻人，也属于老人、儿童；属于健全人，也属于残障人。人们因生活而产生交通，“唯民”才是交通的初心，城市应该为人而建，而非为车而建。建筑学家梁思成曾说，让老百姓安居乐业是城市建设的根本，现代化的城市更要以人民的安适与健康为前提。从这个意义上说，城市建设的最高境界是家园化。道路就是我们家园的一部分，安全是最基本的生活需求，汽车的介入应该有礼有度。城市在交通规划、建设和管理的各环节都要关注各类人出行的安全，特别是弱势群体。联合国人居组织发布的《伊斯坦布尔宣言》也强调“我们的城市必须成为人类能够过上有尊严的、健康、安全、幸福和充满希望的美满生活的地方”，同时提出了“儿童友好型城市”的概念——“不论是大中小城市或社区，在公共事务中都应该给予儿童优先权，将儿童纳入决策体系中”。如果儿童都可以方便、安全地出行、玩耍，这样的城市无疑是有生机、有吸引力的。我们要做的就是给予充足的保障。

3. 憧憬与展望

亚里士多德曾说过：“人们来到城市是为了生活；人们居住在城市是为了生活得

更好。”城市是我们共同生活的家园，承载着人们对美好生活的向往，应该是舒适的、有温度的，正如老舍笔下的济南。虽然我们无法清楚地看到全部的未来，但是，忠于城市建设的初心，给在这座城市中生活的每一个人带去更多的温暖与关爱，正是我们所向往的城市生活。

▲ 济南市道路实景图(a)

▲ 济南市道路实景图(b)

泉城济南有着四千多年的文化积淀和人文传承，经济的发展，社会的变迁，城镇化的推进，“汽车社会”的加速到来，都不应该阻断我们对城市文化和精神的传承。人们对美好生活的执着向往和永恒追求，终会使我们回归城市建立之初的愿景，那就是建设绿色发展、儒风泉韵、诗意栖居的美好家园。让我们沿着思辨的方向，共同憧憬一下未来的济南。

▲ 济南市道路实景图

早上,孩子们背起书包,三五成群地走在去往学校的路上,家长不必担心行程的距离和安全;上班族再也不用忍受长时间的上班路途,出行在路上,享受着“自律”和“他律”带来的愉悦;如果天气晴好,骑车或步行上班是最佳选择;下班后的生活丰富多彩——购物消费,品味美食,亦或是读书充电,尽享五分钟城市生活圈给我们带来的便捷。

周末,我们通常会带着老人和孩子到老城区游玩,可以先驾驶私家车,到达外环路附近的公交换乘停车场,因为这里的停车收费仅是市中心的1/4;再打开手机就可以确切地预知,几分钟后将有一班公交驶进停车场,几站后可以在哪里换乘,中间需要多长时间,全程共耗时多少。刷“泉城通”“亿通行”就能享受市民最优惠的公交票价。我们只需安静地坐上公交车,惬意地欣赏窗外的城市街景。

作为一个济南人,对于泉水、古城总是情有独钟,那么就来由趵突泉北路、黑虎泉西路、黑虎泉北路及大明湖路围成的“慢生活街区”走走看看。从珍珠泉和王府池子汇聚而来的泉水,汇成小河与曲水亭街相依,一旁是青砖红瓦的老屋屋角,倒映在绿藻飘摇间,美得不像话。外地游客总愿意在这里多居住几天,坐在护城河的画舫中,品一杯茗茶,听一曲古筝,感受老街在古旧中透出的活力,在沉静中显出的生气。巷子里,自行车铃的清脆悦耳声,孩童追逐嬉闹时咯咯的笑声传到了很远很远的地方……

蓝天白云、青山绿水展现着生态和宜居,青砖绿瓦、小桥人家蕴含着古韵与传承,活力迸发、高效便捷体现着现代和繁华,谦让有序、与人为善展现着文明与豁达。这,才是我们梦想中的家园;这,才是我们心目中的济南。

4. 思路与方向

城市交通的核心是“人”,而不是车辆;交通,不仅承载着运输的使命,支撑着经济社会的发展,更担负着提升居民生活品质的责任,必须回归以人为本的价值取向,才能使遍布钢筋水泥的城市更有温度、更有活力。

——从保护泉城特色风貌、推动城市绿色发展的角度,优化城市功能布局,回归城市的平凡本源。城市,承载着人们对美好生活的向往,体现着生动的历史记忆。济南作为山泉湖河城浑然一体的历史文化名城,有着独一无二的特色风貌,但随着

“汽车时代”的快速到来，拥堵、噪声、污染、安全等问题愈演愈烈，破坏了宁静的城市生活，挤压了市民的休闲空间。城市建设的初衷是让老百姓安居乐业，我们应守护好天蓝、地绿、山清、水秀的老城风貌，疏解密集的人口和车辆，“让城市融入大自然，让居民望得见山、看得见水、记得住乡愁”，打造绿水青山、宜居宜业的生态泉城。

——从“城市为谁而建”的角度，重新定义道路功能，让城市交通体现以人为本的思想。人是城市的主体，城市应该为人而建，而非为车而建。道路作为城市公共设施的重要组成，应该是给全体大众服务的，不应只属于汽车。而现在“以车为本”的道路规划建设模式，使本应为所有人服务的道路变成了为车服务，忽视了城市的主体。因此，不应一味地满足汽车小众化出行而牺牲大众利益，应该真正让道路回归为民服务的本性，让大众成为道路的主角。

——从建设“生态济南”的角度，进一步确立公共交通和慢行交通的主体地位，维护交通的公平。公平的交通能够让城市更有温度。根据济南市交通运输局 2019 年发布的《济南市居民出行调查数据分析报告》中的数据，我市居民交通出行方式以步行、非机动车和公交车这三种方式为主，总占比达到了 75.48%。宪法、法律保护公民的基本权利，保障公民的基本需求，而小汽车属于改善性、享受性需求，不应该成为优先于更多大众出行的考虑。我们应该摒弃“仗车思维”，打造不依赖小汽车的城市，由关注“车的通行”向关注“人的流动”转变，优先倡导绿色、低碳出行，并让小汽车承担更多的用车成本和社会责任。公共交通和慢行交通作为城市交通出行的主体，理应得到更多的路权分配比例和保障，这既是缓解交通拥堵的需要，也能进一步减少尾气和噪声污染，更加契合当前保护生态环境、提升城市品质的要求。

——从集约高效的角度，进一步调整交通出行结构，提升城市交通运行的效率。城市交通的运行效率，应该是各类交通出行方式的总体效率，而不应仅是汽车的通行效率，应辩证地看待各种交通方式的快慢。公交车的速度比小汽车慢，但运载量比小汽车大若干倍，特别是在长距离通勤中效率更高；步行和自行车的速度也比小汽车慢，但在短距离通勤中更加方便灵活，效率也更高，而且公交车、步行和自行车占用的道路资源更少。道路资源毕竟是有限的，所以，在出行结构上，要从通行的整体效率规划，优先发展高效舒适的公共交通，打造绿色舒行的慢行环境。同时，要重视区块链、大数据、物联网等前沿科技在城市交通领域的应用，通过科技手段推动各种交通资源的整合利用，实现多种交通方式的融合、协调发展，使整个城市的交通运行更有效率。

5. 责任与行动

道路因你而堵也因你而畅。人，是交通四要素——“人、车、路、环境”的首要因素；良好的交通秩序，需要每一个交通参与者的共同努力。道路不能被无限拓宽，能帮助我们让有限的道路变得通畅的，只有对规则的坚守、对文明的信仰和对责任的担当。道路交通高度流动的多样化、快节奏增加了人与人之间的陌生感，交通参与者需要通过对规则的把握来增进彼此的预期和理解；而文明又是一种力量，即使我们彼此没有言语的交流，这种力量也会在交通出行的空间里为我们建立起深厚的联系。为了使我们的交通更加文明通畅，使有限的道路资源得到充分高效的利用，使我们的出行更加方便、快捷，我们每个人都应该担当起社会责任，从自身做起，遵守规则，树立公德意识和系统观念，积极践行汽车文明，培育社会文明新风。

安全出行。生命重于泰山，安全是交通出行的首位价值，也是每个人、每个家庭和全社会的共同期待。安全出行，就是要敬畏生命，自觉遵守交通法律法规和行路规则，正确行使自己的路权；安全出行，就是要学习、掌握交通安全知识，不断增强识别安全隐患和主动消除危险因素的能力；安全出行，就是要自觉接受交通警察的指挥、指导，配合交通警察共同维护好公共交通秩序。

文明出行。一个路口的文明，代表着一个城市的文明。在济南这座城里，人们喜欢尊称对方为“老师”，喜欢遵循孔子教诲的“礼”，喜欢传颂李清照、辛弃疾的诗词佳句。城市的历史孕育着深厚的文明，文明让生活更加美好，为了使泉城济南更加美好宜居，我们倡议更多的人加入“文明出行”的行列。文明出行，就是要自觉培养良好的出行习惯，保持良好的社会形象，尊重规则；文明出行，就是要关爱弱者，礼让行人，帮助有需要的人；文明出行，就是要与其他交通参与者平和、友好相处，共建、共享安宁、有序、通畅的公共交通环境。

绿色出行。步行、自行车出行、公共交通出行是治理交通拥堵、减少大气污染、改

善城市环境的重要途径。济南是一座依山傍水的城，一座荷红柳绿的城，一个古往今来的毓秀之地。为了使泉城济南的天更蓝、地更绿、山更清、水更秀，环境更加优美，济南交通警察提出了"步行光荣，慢行优先"的理念，规划了公交专用道、非机动车专用道，取缔了占道停车泊位，全力保障慢行交通权益。每位市民也都有责任宣传并亲身践行"绿色低碳出行"理念，摒弃"仗车思维"，倡导环保出行。如果出行距离较近，例如1 000米以内可以步行，3 000米以内可以骑共享单车、电动自行车，5 000米以内可以乘坐公交车，不仅低碳环保，还有益于身心健康；如果出行距离较远，可以乘坐出租车、网约车等公共交通工具，或者拼车出行，减少空座率。希望通过我们共同的努力，使"四面荷花三面柳，一城山色半城湖"的美景得到世代传承。

智慧出行。科技改变我们的生活，也让我们的交通出行更加智慧。智慧出行，就是根据道路交通状况和实际需要合理安排出行时间，有条件的话尽量错峰出行；智慧出行，就是根据交通状况和自身实际情况，从驾驶机动车辆、乘坐公共交通工具、骑乘自行车以及步行等多种交通方式中作出最优选择；智慧交通，就是积极学习、掌握和运用手机导航等现代技术，根据交通大数据或导航提示，规划出行方案，预定停车泊位，提高出行效率。

"文明绿色交通，安全智慧出行"并非一夕之功，但它可以成为一本让大家都能读懂的书。为帮助市民朋友更全面、直观地了解道路、道路交通和道路通行规则，我们特为您奉献这本读物，愿您在泉城出行一路平安，愿您为交通文明尽己之力！

二 通识篇

良好的秩序是一切美好事物的基础。

——（爱尔兰）埃蒙德·伯克

你必须知道的交通规则

良好的交通出行秩序，更需要所有交通参与者的共同努力。道路不能被无限拓宽，能帮助我们让有限的道路变得通畅的，只有对规则的坚守和对文明的信仰。

1 尊重路权，各行其道

车辆、行人必须按照分道通行的原则在各自的道路上通行。借道通行的车辆或行人，应当让原车道内的车辆和行人优先通行。

2 车辆应当靠右侧通行

我国实行右侧通行原则，机动车、非机动车不得逆向行驶。

3 红灯必停，黄灯勿冲

红灯亮时，车辆和行人均不得通行；黄灯亮时，车辆切勿加速冲过停止线，已经越过停止线的车辆可以继续通行。

4 车辆行经人行横道时应当减速行驶，遇行人正在通过人行横道时应当停车让行

5 遇到执行紧急任务的警车、消防车、救护车、工程抢险车时应当让行

6 驾驶人、乘车人不得向车外抛撒物品

7 不在设有禁停标志、标线的地方停车

8 停车、行走不得占用盲道

1. 道路等级

城市道路按其在道路网中的地位、交通功能以及对沿线的服务功能等，分为快速路、主干路、次干路和支路四个等级。

▲ 快速路（北园高架路）

▲ 主干路（经十路）

▲ 次干路（共青团路）

▲ 支路（益寿路）

快速路是设有中央分隔带，具有四条以上的车道，全部或部分采用立体交叉与控制出入，供车辆以较高的速度行驶的城市道路。

主干路是连接城市各主要分区，以交通功能为主的城市道路。通常设置有对向交通分隔带、机动车和非机动车分隔带，实现对向车辆分流和机动车与非机动车分流，以提高车速和保障交通安全。

次干路是与主干路结合组成干路网，以集散交通的功能为主，兼有服务功能的城市道路。通常设置有对向交通分隔带，以实现对向车辆分流，减少行车干扰，提高行车速度。

支路是与次干路和居住区、工业区、交通设施等内部道路相连接，以解决局部地区交通出行，并以服务功能为主的城市道路。通常不设分隔带，各种车辆混合行驶，交通安全性相对较低。

2. 交通信号

出行在济南，应了解以下几种特殊的信号控制方式。

绿波信号

绿波信号一般是指一条主干路中若干个连续路口交通信号间的协调控制，目的是使行驶在主干路协调控制路口的车辆，以规定的速度通过时，可以不遇红灯或者少遇红灯。从被控制的主干路各路口的灯色来看，绿灯就像波浪一样向前延伸而形成绿波。这种交通信号协调控制方式也被称为“绿波带”控制。

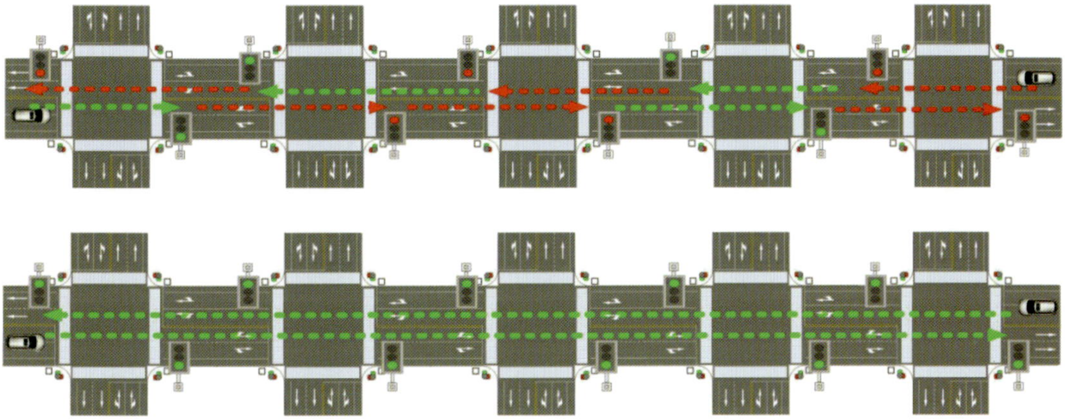

▲ “绿波带”控制示意图

通过监控动态交通流，自动测算绿波通行速度，并在诱导屏上实时更新，驾驶人根据绿波速度区间值调整行车速度即可享受绿波服务。

分区拓展式信号

分区拓展式信号采用“空间两次利用”的控制思想，由“四大行车区域”和“四大控制阶段”组成，旨在解决路口导向失衡问题，提高道路通行效率。该系统仅在早晚高峰时段使用，平峰时段应根据电子屏导向标志正常行驶。

▲ “绿波带”路口诱导屏

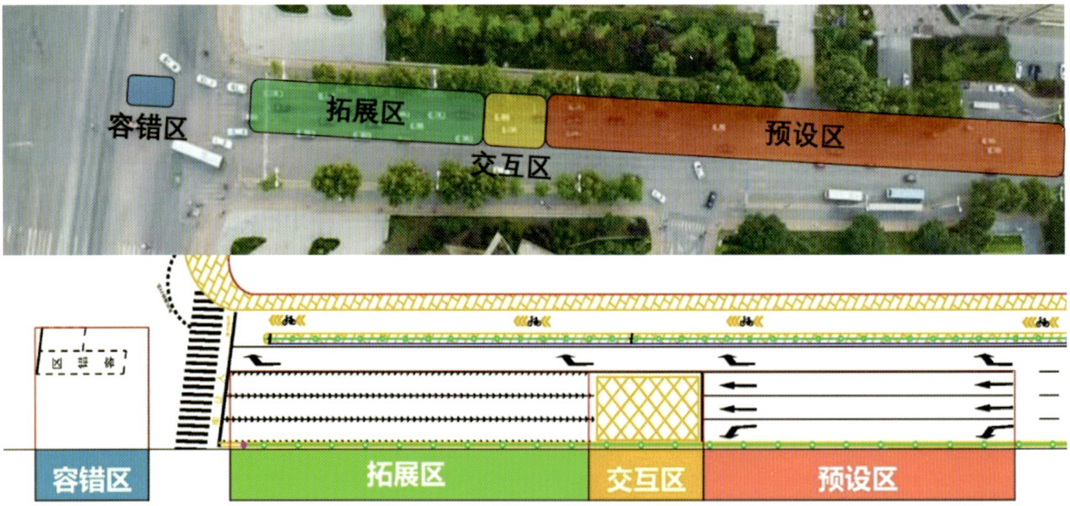

▲ 分区拓展式信号示意图

车辆行驶至该信号区域时,需要在预设区按导向车道排队等候,待预设区信号灯放行时,车辆经过交互区驶入拓展区,拓展区各条车道均可使用。当路口信号灯放行时,车辆驶出拓展区,顺利通过路口(若车辆在直行信号结束前未能驶出拓展区,应根据电子屏导向标志的提示进入容错区等候下一周期直行放行信号)。

▲ 分区拓展式信号实景图(a)

▲ 分区拓展式信号实景图(b)

二级诱导信号

二级诱导信号控制系统是利用信号灯最后 9 秒的倒计时脉冲触发电子屏显示车辆通行的诱导信息,引导直行或左转的车辆提前进入待行区,提高通行效率。

▲ 二级诱导信号实景图

可变车道

可变车道通常包括逆向可变车道、潮汐车道、同向智能可变车道、BRT 可变车道。

逆向可变车道，一般是指在路口遇垂直方向道路直行放行时，左转车辆根据可变信息标志通过开口提前进入逆向车道待转，从而拓展了左转通行空间，实现了左转通行能力的提升。

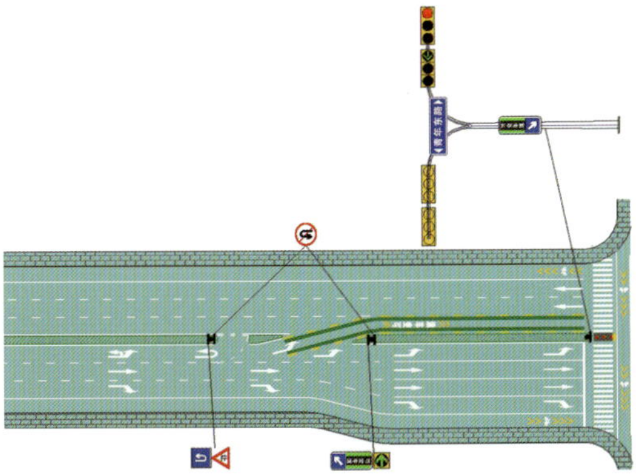

▲ 逆向可变车道示意图

▲ 逆向可变车道实景图

潮汐车道，一般是指在早晚高峰期不同方向流量变化较大的路段，将一个方向的一条车道临时提供给另一个方向，并利用电子屏导向标志进行控制，实现道路资源的有效利用。

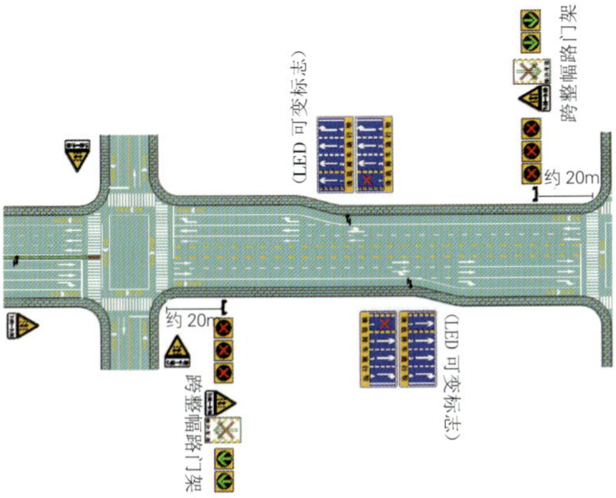

▲ 潮汐车道示意图

▲ 潮汐车道实景图

同向智能可变车道，一般是指在早晚高峰左转与直行流量变化较大的路口，通过检测器检测直行车辆和左转弯车辆的排队长度，自动调整电子屏导向标志，实现导向车道的自适应控制，提高路口通行能力。

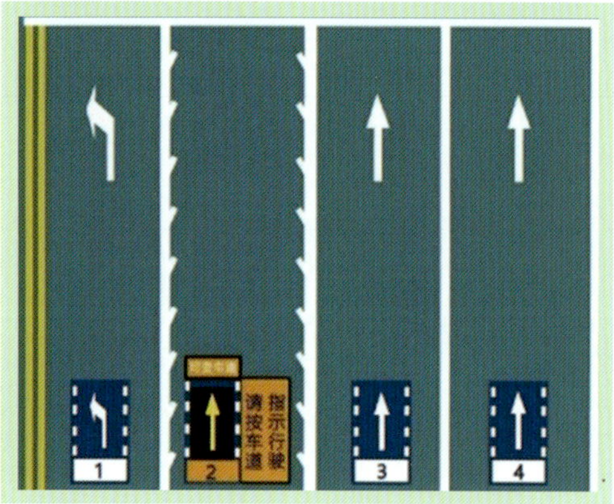

▲ 同向智能可变车道示意图

▲ 同向智能可变车道实景图

BRT 可变车道，一般是指在设有路中 BRT 车道且左转交通压力大的路口，左转车辆可借用空闲时的 BRT 车道进行左转。BRT 车辆遇停止信号后，左转车辆可根据左转借道可变信息标志指示，在黄色网状线处进入 BRT 车道待转，提升左转通行效率。

▲ BRT 可变车道实景图

路网式指路标志

路网式指路标志是将标志版面布局与路网结构一一对应，便于市民准确把握出行信息。

▲ 路网式指路标志实景图

主动发光指路标志

主动发光指路标志是在夜间及雾、霾、雨、雪、沙尘、冰雹等低能见度气象条件下主动发光的标志，旨在增强标志的可视性和辨识度。

▲ 主动发光指路标志实景图

智能斑马线

智能斑马线是应用人工智能技术，通过在商圈、景区等人流量较大区域的人行横道上增设过街感应装置，以“声光结合”的方式给予行人和驾驶人通行提示，提升行人过街的安全性与效率。

▲ 智能斑马线实景图（白天）

▲ 智能斑马线实景图（夜晚）

3. 通行常识

分道通行

为了规范交通秩序，提高通行效率，交通参与者（机动车、非机动车、行人）应按分道通行原则在对应的机动车道、非机动车道和人行道上通行。

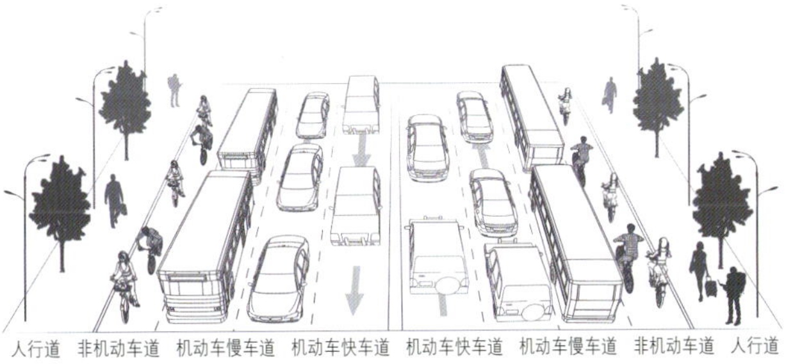

▲ 分道通行示意图

分道通行须知	
机动车走中间 非机动车、行人走两边	（1）机动车道设在道路中间，非机动车道一般设在机动车道的两边，人行道设在非机动车道的两边。 （2）没有划分机动车道、非机动车道和人行道的，机动车在道路中间通行，非机动车和行人在道路两侧通行。
快车走左侧 慢车走右侧	（1）在同方向设有多条机动车道的道路上，左侧为快速车道，右侧为慢速车道，驾驶人应主动根据行车速度选择对应车道。 （2）慢速车道内的机动车超越前车时，可以借用快速车道行驶。

遵守信号

交通信号包括交通信号灯、交通标志、交通标线和交通警察的指挥。

车辆、行人都应按照交通信号通行。遇有交通警察及依法协助指挥交通的人员现场指挥时，应按照指挥通行。

临时设置的交通信号改变了道路正常通行规则的，车辆、行人应按照临时交通信号通行。

垂直交通标志的效力高于路面交通标线。

在没有交通信号的道路上，车辆和行人应在确保安全、畅通的原则下通行。

有序让行

（1）让行特种车辆

出行时请避让执行紧急任务的警车、救护车、消防车、工程抢险车等享有优先通行权的车辆。

（2）礼让行人

驾驶车辆时，应注意礼让行人。

礼让行人应这样做

（1）行经人行横道时，应减速行驶。

（2）遇到行人正在通过人行横道时，应停车让行。

（3）行经没有交通信号的道路时，遇行人横过道路，应避让。

（3）借道让行

车辆在借用限时开放的公交专用道通行，或借用非机动车道、人行道进出机动车道时，应注意减速让行，并应保证原车道内的车辆和行人正常通行。

（4）超车让行

驾驶人发现后方车辆发出超车信号时，在右侧空间较大、车流较少的条件下，可选择开启右转向灯，减速靠右侧行驶。

夜间行车遇有后方车辆发出超车信号时，具备让超条件的，宜减速靠右行驶，开启右转向灯示意让超；不具备让超条件的，宜轻踏制动踏板提示。

（5）会车让行

会车让行需遵守以下规则：

3种会车让行规则	
"有障碍"让"无障碍"	遇车道内出现障碍物而无法会车时，受阻挡的车辆应减速或停车，让对向来车先行；如受阻挡的车辆已经进入障碍路段，对向车辆应让行。
下坡让上坡	在坡度大的狭窄道路上，下坡车辆应让上坡车辆先行，但下坡车辆已行至中途而上坡车辆未上坡时，上坡车辆应让下坡车辆先行。
"靠山"让"不靠山"	在狭窄的山路上，不论是上坡还是下坡，都应让不靠山体的车辆先行。

(6)路口让行

路口让行需遵守以下规则：

8种路口让行规则	
支路让主路	遇有支路、匝道汇入主干路时，主道车辆先行，支路、匝道车辆后行。
转弯让直行	左转让对向直行，右转让同向直行。
右转让左转	在相对方向行驶的右转弯的车辆让左转弯的车辆先行。
掉头让对向	机动车在没有禁止掉头或者禁止左转弯标志、标线的地点可以掉头，但不得妨碍正常行驶的其他车辆和行人的通行。
后行让先行	车辆通过路口时，遇上一放行信号车辆未完全驶出路口时，应让其先行。
左侧让右侧	在无灯控路口，应让右方道路的来车先行。
环形路口环内先行	准备进入环岛的车辆让已在路口内的车辆先行。
进环岛让出环岛	进入环岛的车辆让出环岛的车辆先行。

(7)乘车礼让

乘车时，注意将爱心专座留给需要的人，主动给老、弱、病、残、孕、怀抱婴儿以及行动不便的乘客让座和提供方便。

三 步行篇

我生平喜欢步行，运动给我带来了无穷的乐趣。

——（美国）吉尔伯特 · 爱因斯坦

你必须知道的交通规则

行人在发生交通事故时没有任何保护，因此在出行时处于弱势，必须格外留意周围的交通状况。即使法律规定行人拥有先行权，驾驶人仍有可能违反法律规定或因其他意外情况而不能及时停车，因此行人应时刻保持警惕，谨慎前行。

1 行人要走人行道，横过道路要走人行横道或者过街设施

2 横过道路时不要斜穿

3 横过道路时要遵循“左看、右看、再左看”的过街原则

横过道路时，应向左看、向右看、再向左看，确认安全后迅速通过。

4 横过道路时“车让人、人快行”

横过道路遇机动车停车让行时，在确保安全的前提下，行人应主动加速通过，减少在道路中间停留的时间。

5 行进中不要突然改变方向

步行中不要做出突然转向、折返、倒退等改变行进方向的行为，应当注意观察，给自己和他人留出必要的反应时间。

6 夜间出行尽量穿着白色衣物或佩戴反光标识，雨天出行尽量穿着或使用颜色鲜明的衣服或雨具

1. 顺道通行

有人行道时

步行时需遵守以下规则:

走人行道

(1)在有人行道的道路上,请在人行道上行走。

(2)尽量避免踏入车行道或在车行道上站立、行走。

(3)不要贴近路边的路沿石行走,尤其是背对车辆时。

(4)不要多人并排行走或占用盲道通行。

遇人行道部分封闭或阻塞时

(1)先查看附近是否有临时改道标志或其他替代路线,尽量走其他有人行道的安全路线。

(2)如果没有路线,必须要踏出人行道时,要在看清四周的交通状况,确认无车辆驶临后,按照本节没有人行道的道路上有关步行的规则通行,并尽快返回没有封闭或阻塞的人行道。

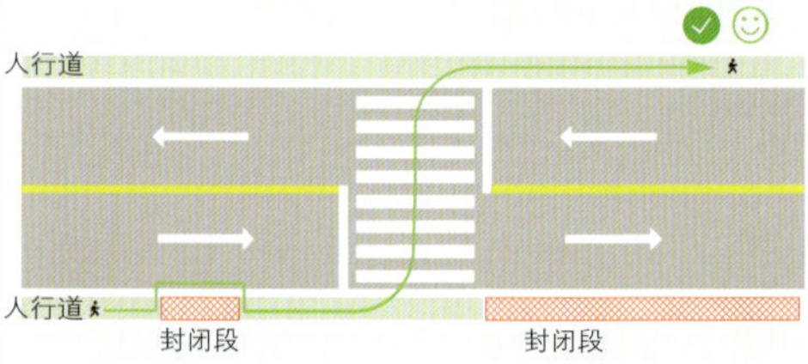

遇人行道封闭或阻塞的距离较长时

请按照本篇第 2 节横过道路的方法横过道路,在对面的人行道上步行。

没有人行道时

在没有人行道的道路上行走时,应面向迎面而来的车辆并紧靠路边行走。如果顺着车辆行驶的方向通行,应经常扭头向后观察,留意后面的声音,提防车辆驶近。

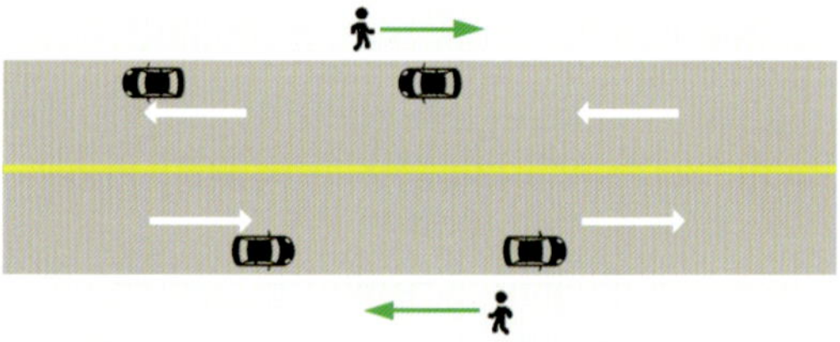

▲ 没有人行道时通行示意图

携带宠物通行

携犬出户时应当携带养犬登记证,为犬只系挂号牌,由完全民事行为能力人用束犬链(绳)牵领,主动避让他人和车辆。束犬链(绳)最长不得超过 1.5 米。

2. 横过道路

行人应优先选择人行横道、过街天桥以及地下通道横过道路。如果没有找到行人过街设施，应选择视线开阔、具有安全通行条件的地点横过道路。

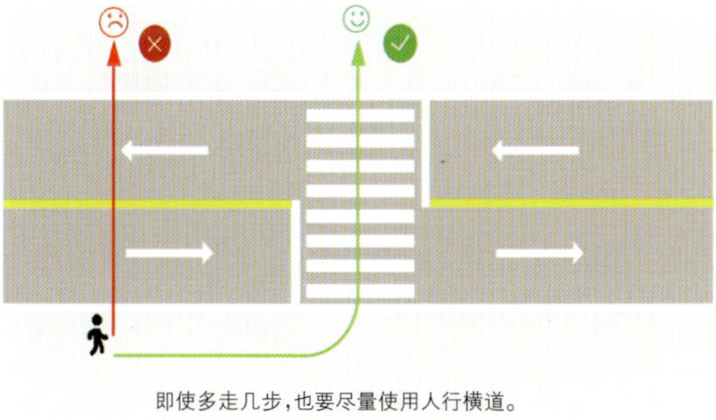

▲ 要使用人行横道

▲ 过街天桥标志

▲ 地下通道标志

横过道路时，应聆听并观察周边的交通状况，确认安全后，尽快直线通过，不要盲目跟随其他行人横穿道路。

在横过道路途中遇到车辆较多而无法继续通行时，可以在路中安全岛或道路中心线处短暂停留。注意来往车辆的距离及车速，确保安全后继续通行，切忌在车辆临近时突然加速横穿或后退、折返。

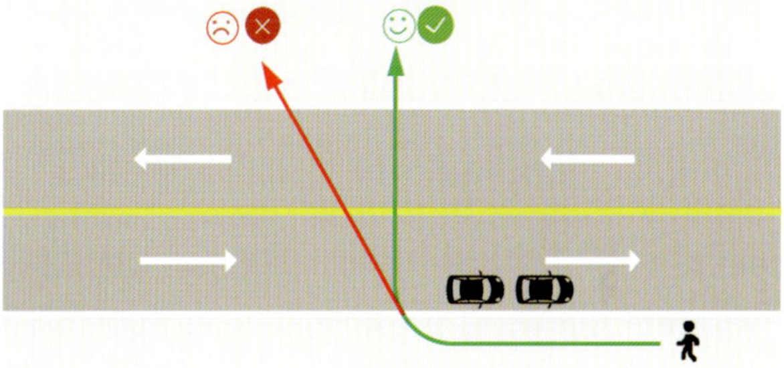

▲ 尽快直线通过

通过人行横道前，应驻足观察，让驶临的驾驶人有充分的时间看见你并提前减速慢行；确认安全后踏出一步，示意拟横过道路，以便驾驶人停车让行。

通过人行横道时，仍要观察道路左右的交通状况，待车辆让行后快速通过。同时，要小心有车辆突然从侧后方超过已停在人行横道前的车辆，冲进人行横道。

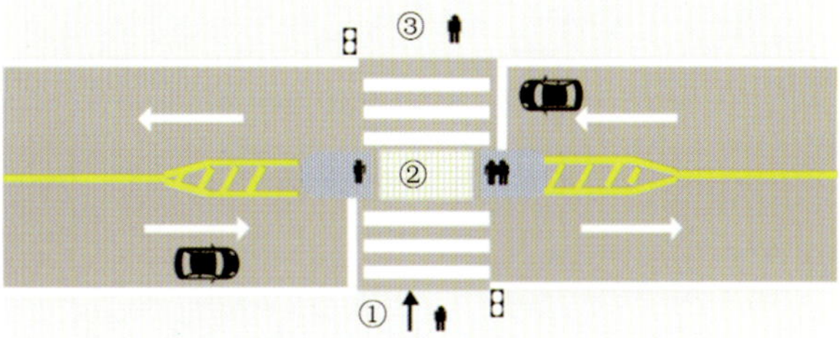

▲ 无法继续通行时，可以在路中安全岛短暂停留

横过道路“三不要”

(1)如果不打算横过道路,不要停留在人行横道上,更不要在人行横道上站立、打电话或打车。

(2)在设有禁止横穿道路标志或设有隔离护栏的道路上,不要横过道路。

(3)在通过路口时应每次横过一条道路,除施划有对角斑马线的路口外,不要斜穿路口。

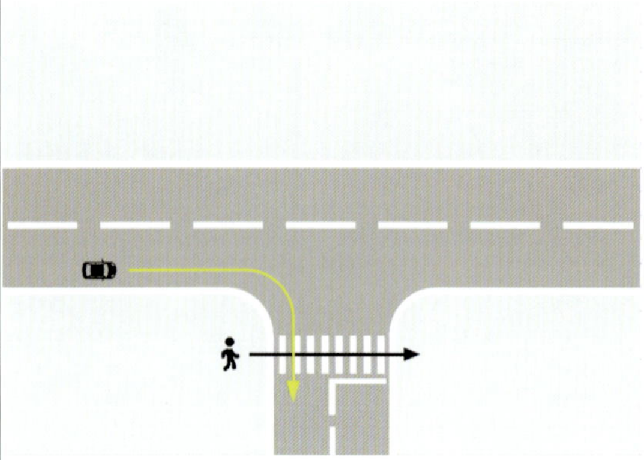

▲ 注意转弯车辆

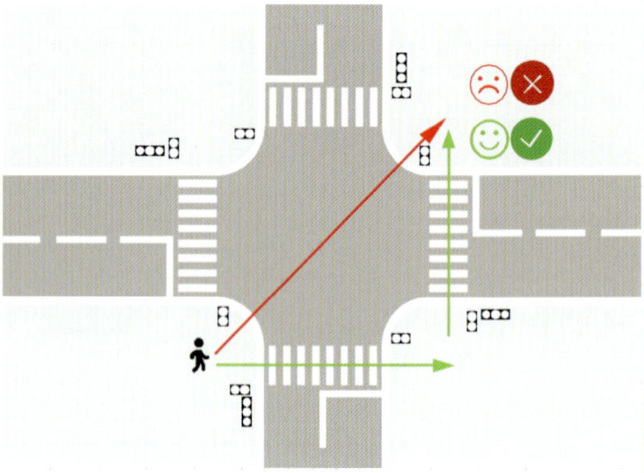

▲ 每次横过一条道路,不要斜穿路口

有信号灯时

通过有信号灯的人行横道时,应按交通信号指示通行。

遇信号灯转变时的正确做法

(1)当绿灯信号开始闪烁时,表示绿灯信号即将结束。已经在横过道路途中的,应尽快通过;尚未开始横过道路的,应在人行道上等待。

(2)横过道路途中信号灯“绿转红”时,可以继续通过或在道路中心线处停留等候。在有行人安全岛的路口,应在行人安全岛处等待二次过街。

在有机动车信号灯但没有专供行人使用的信号灯的路口,应按与步行同行方向的机动车信号灯的指示横过道路,同时注意观察周围车辆。

在设有行人过街请求按钮的人行横道处,应先按动请求按钮,待人行横道信号灯变为绿灯时方可通行。

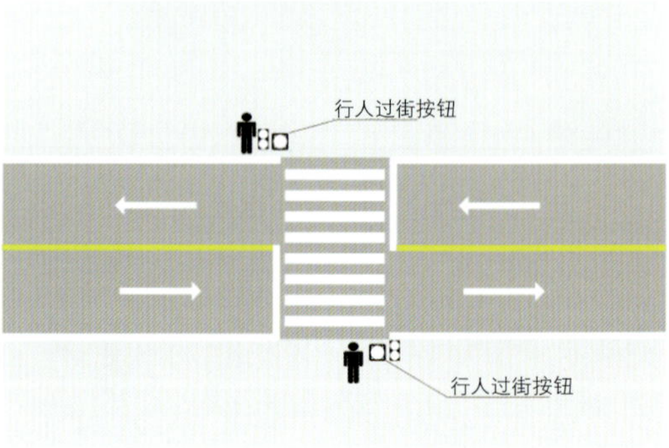

▲ 行人过街请求按钮

没有信号灯时

通过没有信号灯的人行横道时，应观察来往车辆，确认安全后快速通过，不要在车辆临近时突然加速横穿或者中途倒退、折返。

在通过没有信号灯的路口时，应集中注意力，小心右转弯车辆，避免看手机、玩闹或被周围事物吸引，待车流稀疏时再横过道路，不要在车流中行行停停或往来穿梭。

横过道路安全提示

(1)虽然法律规定驾驶人应注意礼让或避让行人，但驾驶人仍有可能违反法律规定或因其他意外情况而不能及时停车，因此应保持警惕，谨慎前行。

(2)夜间外出时，尽量在有路灯照明的路上行走，并在有路灯的地方通过道路。此外，穿着白色、浅色衣物，或佩戴反光条，更容易被驾驶人发现。

行人十大危险行为

(1)违法横穿道路

(2)挤占车行道

(3)翻越隔离护栏、绿化带

(4)在车行道内兜售、发送物品

(5)在城市快速路上步行

(6)追车、扒车、强行拦车

(7)幼儿独自上街

(8)使用滑板、旱冰鞋、平衡车上路

(9)多人并排通行

(10)走路时长时间看电子产品或纸质读物

3. 特别关爱

儿童

学龄前的儿童应由家长、家长委托的人或对其负有管理、保护职责的人带领，不要让学龄前儿童单独在道路上行走。

家长和儿童在一起时，要以身作则，遵守相关法律法规规定。儿童还难以对移动中的车辆速度和距离作出正确判断，并且往往缺乏危险意识。应让儿童学习并熟悉安全文明出行的正确方法，养成出行的良好习惯。

儿童出行安全提示

(1)外出时(特别是上学时)，应预留充分的行程时间，以免赶路造成行动慌乱，从而导致意外。

(2)外出时，家长要牵着儿童的手，并置身在他们与车辆之间。如果无法牵着他们的手，应使用牵引带牵领他们，或抱着他们，或把他们稳妥地放在幼儿手推车上。

老年人

外出时,应尽量选择舒适合脚、轻便防滑的鞋子,如有需要,应使用手杖等辅助工具。

在道路上通行时,应注意靠边行走,避免发生碰撞。

横过道路时,应为自己预留更充裕的时间,以保证安全横穿道路。

盲人

在设有声响提示装置的人行横道处,当发出连续提示音时,表示绿灯亮起,可以横过道路。当提示音变得急促时,则表示绿灯正在闪动,已经在横过道路途中的,应尽快通过;尚未开始横过道路的,应在人行道上等待。

注意:请将以上文字信息传达给你身边的盲人朋友。

4. 特殊天气

特殊天气情况下,应尽量减少外出步行。如需步行,请注意以下几点:

特殊天气出行安全提示

(1)雨天出行时,请尽量穿着或使用颜色鲜明的衣服或雨具。横穿道路时,不要低头或被雨具遮住视线。

(2)雷暴天出行时,请不要在道路上长时间停留或接打电话。

(3)雪天(尤其是有积雪或结冰时)路面会很滑,请尽量选择平坦路面,并穿着防滑性能较好的鞋,谨慎行走。

四 骑行篇

骑行者从某种程度上来说，可以看作是车轮上的漫步者，自然，他们比行人去到的地方要远，但他们有着很强的机变性，随时随刻都可以从车上下来变成行人。

——（法国）弗雷德里克·赫兰

你必须知道的交通规则

骑行包括骑自行车、电动自行车、摩托车等，是一种绿色便捷的出行方式。由于骑行工具通常体积较小容易被忽略，缺少保护装置，更容易因道路情况影响而改变速度和方向，因此，骑行时需要格外注意出行安全。

1. 骑自行车上路必须年满 12 周岁，骑电动自行车上路必须年满 16 周岁

2. 骑车人通过人行横道时应当下车推行

3. 在路口左转时，应当遵循“二次过街”原则

   骑自行车或电动自行车在路口左转时，应按逆时针方向，以先直行再左转的方式实行二次过街。

4. 骑车转弯应当伸手示意或开启转向灯，不要突然猛拐

5. 驾乘摩托车必须佩戴安全头盔，鼓励其他骑行人主动佩戴安全头盔

6. 车辆不要乱停、乱放

骑行包括骑自行车、人力三轮车、电动自行车、摩托车等，其中自行车、人力三轮车、电动自行车属于非机动车，摩托车属于机动车。

1. 出行准备

车辆安全检查

出行前，应检查车辆状况，确保安全出行。

骑行前请检查

（1）确认车闸、车铃（喇叭）、车胎、车灯等部件是否性能良好且操作正常。

（2）确认车尾、车侧及脚踏板等夜间反光装置是否完好。

（3）按规定悬挂号牌，查看号牌是否清晰、完整。

骑行人安全检查

请在确保能熟练地掌控车辆（自如地直线骑行、转弯和停车等）后，再上路骑行。出行前应提前选好路线。

摩托车骑行人应佩戴安全头盔，鼓励其他骑行人佩戴安全头盔、面罩或护目镜等安全防护装备。

鼓励骑行人穿着可以起保护作用的衣物。

骑行人不要穿着可能影响控制车辆或会缠绕车轮、车链的衣物。

选择头盔时，
要兼顾安全性和平衡性，
头盔重心离头部越近舒适度越高。
当头盔受到强烈冲击时，
头盔内部柔软的泡沫隔套
可以避免伤及头部。
佩戴头盔时要把搭扣扣好，
不要为应付警察检查
才佩戴头盔。

2. 骑行须知

年龄限制

骑自行车、人力三轮车应年满 12 周岁，骑电动自行车应年满 16 周岁。

选择适合的车辆

骑行人应选择大小合适的车辆。把手及车座的高度要适宜，把手应与车座一样高或略高于车座。骑行人双手紧握把手时，应能完全控制刹车与喇叭（车铃）。

手势的使用

在准备转弯、停车或减速时,应适时发出相应的手势信号,以便给其他车辆留出足够的准备时间。

你必须了解的 4 种骑行手势	
左转信号:伸出左手,与肩齐高	
右转信号:伸出右手,与肩齐高	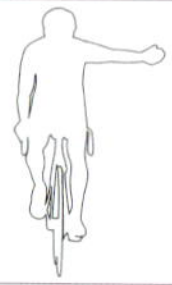
减速信号:伸出手臂,上下摆动三次	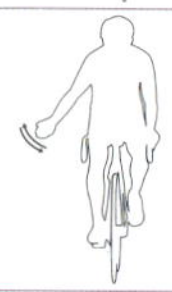
停车信号:手向上方高举不放	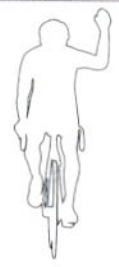

车铃的使用

车铃是用来警示其他交通参与者骑行人正在驶近,不要随意使用车铃催促前方车辆避让。

骑行注意事项

驶出前,应先确定自己的行车方向,查看周围以确保没有车辆驶近。如有车辆驶近,须待其驶过再驶出。

骑行时“八不要”

(1)除伸手示意转向意图以外,应双手紧握车把,不要双手离把。

(2)不要离周围车辆太近,以避免发生追尾或刮蹭事故。

(3)遇到交通阻塞时,不要在其他车辆之间穿行。

(4)遇到行人横过道路时,不可抢行,应减速避让。

(5)不要攀附其他车辆或行人前行。

(6)不要手中持物或牵引动物。

(7)不要戴耳机或使用电话,注意力分散容易引发交通事故。

(8)结队骑行时,仍要保持警惕,不要盲目跟随前方的骑行人。

路段通行

骑行时应遵循右侧通行原则，不要逆行。

非机动车要在非机动车道内通行，非机动车道被占用时，可在受阻的路段借用相邻的机动车道行驶，并在驶过被占用路段后迅速驶回非机动车道。

非机动车横过道路时，应在确保安全的情况下下车推行，有人行横道或者行人过街设施的，应从人行横道或行人过街设施通过。

路口通行

通过路口时，转弯车辆应让直行的车辆、行人优先通行。如果遇到前方路口交通阻塞时，不要进入路口。

通过有信号灯路口时的正确做法

（1）直行时，应按信号灯指示通行。遇有停止信号时，应依次停在路口停止线以外；没有停止线的，停在路口以外。

（2）左转时，应按逆时针方向二次过街。

（3）右转时，遇有同方向前车正在等候放行信号时，在本车道内能够转弯的，可以通行；不能转弯的，依次等候。

（4）掉头时，沿就近的人行横道下车推行通过。

（5）推行时，应靠右侧通行，不要在人群中穿插。

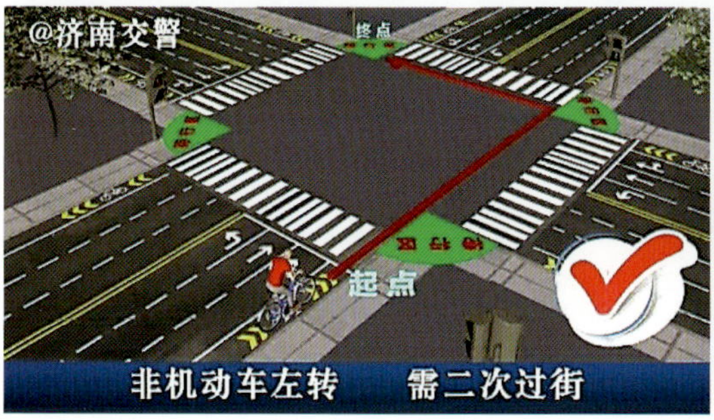

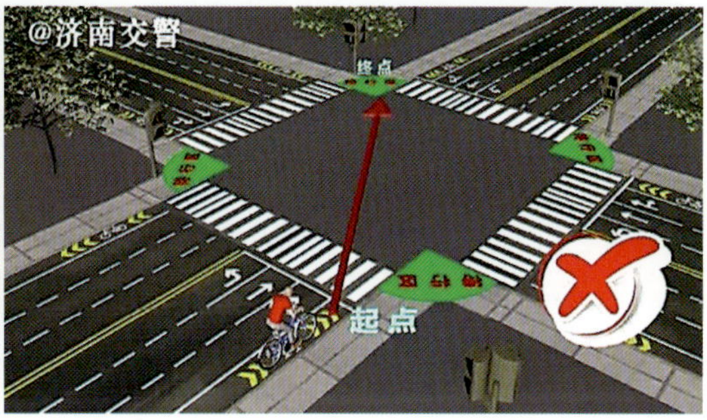

通过无信号灯路口时的正确做法

(1)在相对方向行驶的右转弯的非机动车应让左转弯的车辆先行。

(2)左转时,应靠路口中心点的右侧转弯。

(3)在有交通标志("让"字或"停"字标志)、标线控制的路口,应让优先通行的一方先行。

(4)在没有交通标志("让"字或"停"字标志)、标线控制的路口,应在路口外慢行或者停车观察,让右方道路来车先行。

大多数与骑行有关的严重或致命的车祸都发生在路口。即使骑行人认为自己有先行权,也要做好在路口让机动车先行的准备。

超车

超车前,应用左手发出手势信号或使用转向灯。

超车时,不要妨碍被超越的车辆正常行驶。

超越已停定的机动车时,要注意车前是否有行人出现,同时注意保持一定的安全距离,避免驾驶人或乘客突然打开车门。

遇到公交车进站占用非机动车道时,可以在受阻的路段借用相邻的机动车道行驶,并在驶过被占用路段后回到非机动车道。

停放

非机动车应在规定地点停放。未设停放地点的,非机动车停放不得妨碍其他车辆和行人通行,尤其不要占用消防通道和盲道。注意不要长期持续占用道路资源或其他公共资源,避免对市民生活造成影响。

▲ 非机动车停车场实景图

夜间骑行

在傍晚至清晨前骑行时,鼓励骑行人穿警示夹克或容易被识别的服装(如浅色或反光的荧光衣),并主动降低车速。

遇有迎面而来的车辆使用远光灯时,应减速或停车。

载人限制

《山东省实施<中华人民共和国道路交通安全法>办法》对骑行载人的具体规定如下：

《山东省实施<中华人民共和国道路交通安全法>办法》规定

自行车、燃油助力车、电动自行车在城市市区道路上不得载人，其中安装有固定安全座椅的，可以附载一名十二周岁以下的儿童；在其他道路上载人不得超过一人。

未成年人驾驶自行车、燃油助力车或者电动自行车，不得搭载人员。

人力客运三轮车按照核定的人数载人，人力货运三轮车不得载人。

3. 骑电动自行车

《电动自行车安全技术规范》(GB 17761—2018）于 2019 年 4 月 15 日实施，其中有关整车安全的要求如右图所示。

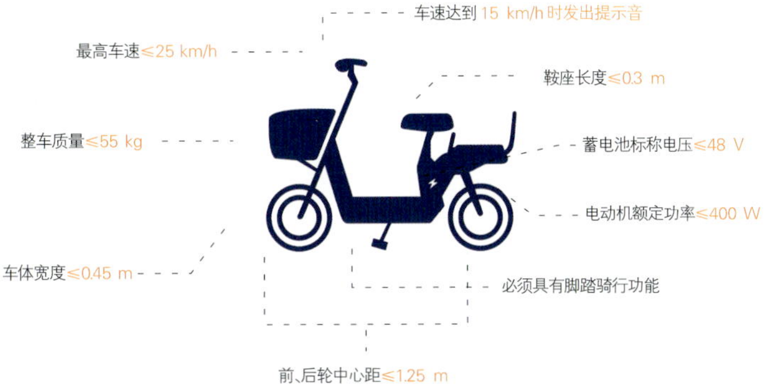

骑电动自行车“五牢记”

（1）已经登记的电动自行车上路行驶时，应按规定悬挂号牌，并保持号牌清晰、完整。

（2）电动自行车在非机动车道内行驶时，最高车速不能超过 15 千米/小时。

（3）不要加装、改装、拼装电动自行车，以免影响通行安全。

（4）推行电动自行车时，应关闭电源，防止电动自行车突然加速、失去控制。

（5）载人时，应更加小心，尽量避免突然改变车速或行驶方向。

停放电动自行车“两不要”

（1）不要停放在建筑门厅、疏散楼梯、走道和安全出口处。

（2）不要在居住建筑内充电和停放，充电时应远离可燃物，充电时间不宜过长。

4. 骑摩托车

准驾资格

骑摩托车应持有相应准驾车型的驾驶证。

量力而行

骑摩托车要量力而行，车辆越大越难控制，一般应以两脚着地并能支撑车辆为宜。

骑摩托车须知

骑摩托车的正确做法

(1)骑摩托车不应手离车把,更不要参与竞驶,以免发生意外。

(2)骑摩托车应在机动车道最右侧行驶,不要在人行道、非机动车道行驶。在设有主、辅路的道路上,要在辅路上行驶。

(3)起步或行驶中变更车道时,要利用后视镜随时查看后方情况,确认安全后再起步或变更车道。

(4)转弯时,请提前开启转向灯,注意礼让前后方向的直行车辆。

(5)注意严格控制行驶速度并尽量保持匀速,避免急转弯和高速越过小坡,以防乘座人员或货物被抛出。

(6)遇铁轨、石条、板块等障碍物时,请绕行,无法绕行的应垂直轧过。遇路面积水时,应尽量绕过或谨慎通过。

(7)刹车时,不要将脚拖踏路面或随意使用制动,应同时使用前后刹车,以防止后轮抱死侧滑导致车辆突然倒地。

载人规定

摩托车后座只能乘坐一名乘员,且不得乘坐未满 12 周岁的未成年人。如果车辆属于轻便摩托车的类型,则不得载人。

载物规定

驾驶摩托车载物时,高度从地面起不应超过 1.5 米,长度不应超出车身 0.2 米;两轮摩托车载物宽度左右各不应超出车把 0.15 米;三轮摩托车载物宽度不应超过车身。摩托车两侧车把均不得悬挂物品。

5. 特别关爱

儿童

家长要为儿童选择合适的自行车。12 周岁以上的儿童是否适宜上路骑行,应由家长或监护人根据其是否已经掌握骑行技能和道路语言来判断决定。

作为家长或监护人,应告诉孩子基本的骑行法律知识和注意事项。例如,骑行时,不要双手撒把、追逐嬉闹,不要与机动车争道抢行。

老年人

骑行时,应根据自己的身体条件量力而行。可适当放慢速度,并尽量避免在交通高峰时段骑行,或是到车多人多的地方去。

6. 特殊天气

雨天骑行时,应尽量穿着颜色鲜明的雨衣,注意不要被雨衣遮住视线。

经过积水、积雪路面时,车速不能过快,否则会影响车辆的转向或刹车,甚至可能会导致车辆完全失控。

在雾、霾、雨、雪、沙尘、冰雹等低能见度气象条件下骑行时,应降低车速,与前车保持安全距离,并随时准备在视野范围内停车。

在强风中骑行,特别是驶近高车身的车辆时,应加强行车控制,并提防路上是否有被吹倒的树木及其他障碍物。

五 驾驶篇

城市交通转型发展的关键——提升公共交通服务竞争力，降低对小汽车的依赖性。

——杨东援

你必须知道的交通规则

机动车是高度危险的交通工具，上道路行驶对驾驶人、乘客和社会公众的人身及财产安全都具有很大的威胁。因此，出行前我们要做好充分的准备；行驶中要集中注意力，安全、文明驾驶。

1 严禁酒后驾驶

2 驾驶汽车要系安全带

驾车时，驾驶人应全程规范使用安全带并督促、提醒乘客系好安全带。

3 超左不超右

由于我国实行右侧通行原则，驾驶室在车辆左侧，右侧的盲区较大，因此超车时应从前车左侧超越。

4 不插队、不抢行

遇有前方机动车停车排队等候或者缓慢行驶时，应当依次排队，不得从前方车辆两侧穿插或者超越行驶。

5 遇路口交通拥堵时，应当在停止线外停车等候，即使绿灯也不得进入

6 遇车道减少时，应当依次交替通行

机动车在车道减少的路口、路段，遇有前方机动车停车排队等候或者缓慢行驶时，应每车道一辆依次交替驶入。

你必须知道的交通规则

机动车是高度危险的交通工具，上道路行驶对驾驶人、乘客和社会公众的人身及财产安全都具有很大的威胁。因此，出行前我们要做好充分的准备；行驶中要集中注意力，安全、文明驾驶。

7 变更车道时，应当“先观察左侧，后打转向灯”，不得连续变更 2 条以上机动车道

行驶过程中因存在视野盲区，变更车道前不仅要用后视镜观察后方车辆情况，还应转头查看左侧后视镜的视野盲区内是否有车辆，而后开启转向灯发出变更车道信号，在确保安全的前提下完成车道变更。

8 转弯让直行，相对方向右转让左转

在没有方向指示信号灯的交叉路口，转弯的机动车应让直行的车辆、行人先行。相对方向行驶的右转弯机动车应让左转弯车辆先行。

9 右转避让非机动车和行人

在交叉路口右转时，应在停车线处停车观察避让后再通行，遇有行人正在通过人行横道的，必须停车等待。

10 夜间行驶时，两车相距 150 米以内不要使用远光灯

11 倒车时要回头观察

不能过分依赖雷达、倒车影像等辅助设备，特别要留心周围有无儿童及行动缓慢的人员，必要时先环车绕行一周查看。

12 不得在人行横道、网状线区域内停车

1. 出行准备

准驾车型

驾驶机动车的车型应符合其所持机动车驾驶证准驾车型。

实习期规定

初次申领机动车驾驶证后的 12 个月为实习期。在实习期内，机动车车身后部要粘贴或者悬挂统一式样的实习标志；驾驶机动车上高速公路，应由持相应或者更高准驾车型驾驶证 3 年以上的驾驶人陪同。

▲ 车辆实习标志

合法上路的条件

合法上路的机动车应经过车辆管理部门（定期）检验合格，领取号牌和行驶证，并购买有效的机动车交强险。机动车号牌须按指定位置安装，并保持清晰。

驾驶尚未注册登记的机动车上路行驶时，应取得临时通行牌证。

只一次，分全没了

上道路行驶的机动车
未悬挂机动号牌的，
或者故意遮挡、污损、
不按规定安装机动车号牌的，
一次记 12 分。
再次提醒广大驾驶人，
千万不要在牌照上“动手脚”。

一些驾驶建议

驾驶时，应着舒适衣物，不穿高跟鞋、拖鞋或者赤脚，不佩戴拖累驾驶动作的配饰，以免影响驾驶操作。

驾驶人两眼裸视力或矫正视力达不到 4.9/0.8 及以上时，应选择佩戴合适的眼镜。有听力障碍的驾驶人，应佩戴助听器。

身体疲劳、不适或情绪欠佳可能影响安全驾驶时，应尽量避免驾驶机动车。若仍需驾驶，应主动减慢车速。

杜绝酒驾、药驾、病驾

饮酒、服用国家管制的精神药品或者麻醉药品，以及患有妨碍安全驾驶机动车的疾病时，不应驾驶机动车。

摄入藿香正气水、荔枝、蛋黄派、豆腐乳等药品或食物后，可能会被检测出酒精含量，驾驶前应注意避免。

关于酒驾、醉驾的处罚规定

饮酒后驾驶机动车的，暂扣 6 个月机动车驾驶证，并处 1 000 元以上 2 000 元以下罚款，记 12 分。因饮酒后驾驶机动车被处罚，再次饮酒后驾驶机动车的，处 10 日以下拘留，并处 1 000 元以上 2 000 元以下罚款，吊销机动车驾驶证。

醉酒驾驶机动车的，由公安机关交通管理部门约束至酒醒，吊销机动车驾驶证，依法追究刑事责任；5 年内不得重新取得机动车驾驶证。

醉酒驾驶营运机动车的，由公安机关交通管理部门约束至酒醒，吊销机动车驾驶证，依法追究刑事责任；10 年内不得重新取得机动车驾驶证，重新取得机动车驾驶证后，不得驾驶营运机动车。

酒驾的危害

酒精会让人难以应付突发事故，
容易作出错误的决定，
害人又害己，
因此饮酒后请不要驾驶机动车，
如需移动车辆，
可使用代驾服务。

安全检查

出行前，应进行全面的安全检查：

请在驾驶前检查以下内容	
上车前 “三查”	(1)车辆是否有漏油、漏水等现象。 (2)附近是否有儿童、行人及障碍物。 (3)轮胎胎压、胎纹状况，清理沟槽内异物。
上车后 “五查”	(1)车门是否都已关好。 (2)驾驶座椅的位置是否合适。 (3)后视镜是否清晰完整、调整得当。 (4)操作区地板上是否平整或放置有物品。 (5)自己和乘客是否已按要求系好安全带。
车辆启动后 “四查”	(1)发动机是否有异响和异常气味。 (2)仪表盘各项仪表是否正常工作。 (3)方向盘、离合器、行车制动器和驻车制动器的情况是否正常。 (4)所有车灯能否正常使用。

若驾驶的是一辆陌生的车辆，要先查明机动车是否牌证齐全、是否在检验合格有效期和保险有效期内，要清楚掌握车内各操纵器的位置以及操作上的差异。

若驾驶的是一辆载客汽车，应检查车厢内放置的物品是否影响驾驶人视线或遮挡车窗，是否从车窗、车门及后备箱处突出到车身以外；后备箱是否已固定箱盖，箱盖高度是否遮挡车窗。

若运载或拖挂物品，要把它们固定牢靠，并确保不阻碍视线。

若有儿童随行，在儿童上车后，应锁上儿童保险锁。

若车上载有动物，应把动物妥当安置，不要让其影响驾驶。

安全驾驶

驾驶中应注意：时刻保持警惕，及时观察车外的交通状况，尤其要注意前车动态；充分利用车内、车外后视镜，随时观察、了解后面和侧面来车的情况；时常查看仪表盘，当仪表盘上有红色警示灯亮起时，要立即停车检查。

安全驾驶习惯

在起步、变道、超车、会车、掉头、倒车、停车前，建议遵循以下步骤：

（1）想一想——预先计划下一步的行动。

（2）看一看——查看前方，环顾四周，并从后视镜查看车后的情况，以确定可否安全进行预设的驾驶行为。

（3）发信号——在安全的情况下尽早发出准确的信号。

（4）再看看——查看四周，再次确定是否安全，此后方可进行或完成行动。

驾驶时不要紧贴路边行驶，要与人行道或绿化带保持距离，以防行人突然进入车行道。特别是在有商店的地方、学校或居民小区附近，更要提高警惕。

驾驶时驾驶人和乘客的身体都不得伸出车窗，以避免由于急刹或与其他车辆碰撞导致身体受到损伤。

驾驶时切勿急转、急停、骑线行驶，以免影响其他车辆正常通行。

驾驶时注意不要因为观看他人的交通事故或其他路边事件而分心驾驶，这可能会导致撞到前面已减速或停止的车辆，还会因为自身降低车速而增加道路的阻塞状况。当行经发生上述事件的路段时，应注意观察前方路况，并尽可能地迅速而安全地驶过这些路段。

《济南市道路交通安全条例》规定

驾驶机动车时，不得有下列妨碍安全驾驶的行为：

（一）非紧急情况下急转、急停、骑线行驶；

（二）吸烟、饮食、向道路上抛撒物品或者以手持方式使用移动电话；

（三）赤脚、穿拖鞋。

微型、小型载客汽车后备箱载物应固定箱盖，不得遮挡车窗。

车身较大或速度较低的车辆，在窄路、迂回道路或尾随车辆较多的道路上，应尽量靠右行驶，如有需要应减速或停车，让其他较快的车辆超车。

长时间驾驶，会使人疲倦。为避免行车时感到困倦，应尽量保持车内有充足的新鲜空气。如途中感到疲乏，应在适当的停车点停车休息。驾驶人连续驾驶机动车超过 4 小时应停车休息，每次停车休息时间不得少于 20 分钟。

管理驾驶空间

驾驶过程中要注意管理车辆周围的 6 个区域。

如何正确管理驾驶空间？	
留出两边空间 如区域 2 和区域 3 所示 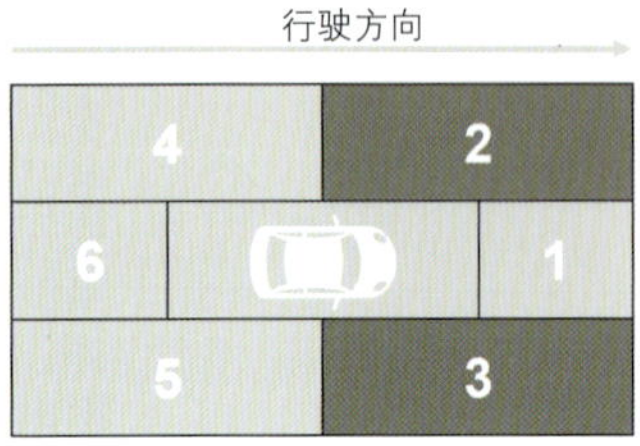 	紧急情况下侧面留出的空间应能为驾驶人提供反应的空间。需要记住的要点是： （1）避免在多车道道路上与其他车辆并排行驶。容易被它们挡住视线，阻塞逃生路径，还可能处于它们的盲区中。 （2）与迎面驶来的车辆之间保持尽可能多的空间。 （3）与停放车辆之间保持一定空间。有人可能会打开车门或从停放的车辆中间走出来，或者车辆可能会突然开出。 如果车辆任何一侧都不够 2.4 米的空间用作逃生路径，则需要通过增加跟车距离来留出更多的前方空间。
车辆后方保持一个空间 如区域 6 所示  	后方车辆比前车更容易控制跟车距离，前车应保持稳定的速度，并且在转弯减速之前打开转向灯。驾驶时，如果注意到后方有跟车太近的车辆，可以尝试变更到右边车道。
注意左后和右后区域 如区域 4 和区域 5 所示  	注意判断其他车辆（空间管理图区域 4 和区域 5 中的车辆）的速度及距离。这些区域很大一部分是驾驶人视野盲区，在变更车道前，要注意转头检查该区域。
注意前车盲区 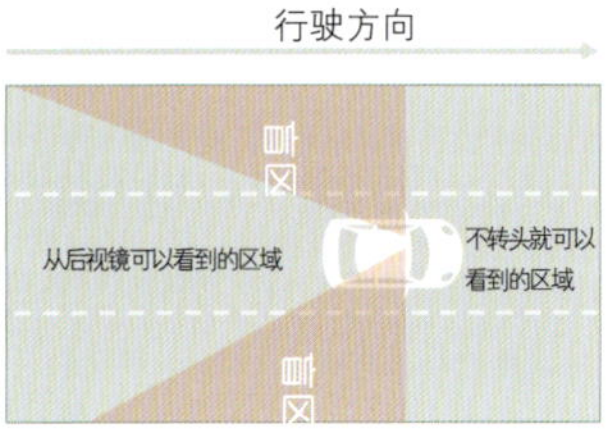 	注意避免在另一个驾驶人的盲区驾驶车辆： （1）避免长时间在另一辆车的两侧或稍微靠后行驶。这两个位置对另一个驾驶人来说都是盲区。 （2）超车时，尽可能快速和安全地通过另一个驾驶人的盲区。在盲区上的时间越长，处于潜在危险中的时间就越长。

驾驶人处理危险交通状况的能力在很大程度上取决于其寻找和识别前方问题的能力。向前看并不意味着简单地盯着道路的中心,而是需要不断地扫视整条道路,包括道路的两侧。

保持安全行车距离

在驾驶过程中,应时刻留意与前车的行车距离,通常不应低于车辆行驶速度下的最短停车距离,以免前车突然慢驶或停下时来不及刹车导致追尾。

驾驶时应时刻留意那些注意力分散的人,如快递员、外卖员、送货员以及道路上的施工人员等。

如何判断安全跟车距离?

"时间间隔驾驶法"能够估算出驾驶人和前方车辆之间的安全跟车距离。在正常条件下,跟车距离至少应为 3 秒钟的行车距离。当前车经过一个固定标记时,请按以下方式数出车头到前车车尾之间的时间间隔:"一千零一、一千零二、一千零三。"如果在数完之前就到达标记处,说明跟车距离太近了,请松开油门踏板减速,然后再次自行检查。

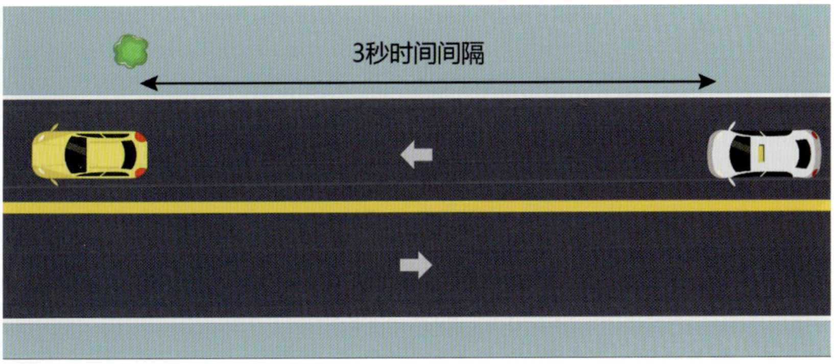

如果路上整体车速较快,与前车保持适当的距离就更加重要。

遇到以下情况时,需要比平时保持更长的跟车距离:

7 种需要拉长跟车距离的情形

(1)在湿滑或土路面的道路上行驶时:此时路面摩擦力较小,需要较长时间才能停下来。

(2)后面的车辆想超车时:前面应有足够空间让超车的驾驶人并入。

(3)跟随摩托车时:摩托车制动距离较短,比汽车更容易刹停。

(4)跟随大型车辆时:由于前车挡住了视线,驾驶人需要额外的空间来观察车辆周围。

(5)接近缓慢行驶的车辆(包括自行车)时:前车可能会突然停下。

(6)在下坡行驶时:下坡时刹车减速较慢,尤其是在高速行驶时。

(7)在上坡路段停下来时:前方的车辆可能向后溜车。

保持安全驾驶速度

在驾驶过程中,要充分考虑道路、交通、天气和视野等情况,应选用安全的车速行驶,确保在任何情况下都能够有效地控制车辆的运动状态,并不得超过限速标志、标线标明的最高速度。理想的速度是车流平均速度。

在笔直宽阔的道路上行驶,且周围建筑又少时,容易感觉不到越开越快的车速,应时常注意行驶速度。不要在空挡或以超过换挡所需时间踩踏离合器踏板的情况下驾驶。此时如需作出迅速反应,可能无法保障车辆正确的挡位,导致车辆行驶速度失控。

在前方道路无障碍、视线良好的路口或路段驾驶,且不违反道路交通安全法律、法规的情况下,应接续行驶;在标明最低行驶速度的车道内,除为防止危险发生,不应以低于最低标准的速度行驶。事实上,车速缓慢可能引发其他驾驶人超车,增加事故风险。

当道路上出现低速行驶的洒水车等慢行车辆时,在靠近这些车辆之前应减速,小心前行,不要为避开洒水车而贸然加速。

路遇大型车辆的潜在风险	路遇非机动车的潜在风险
大型车辆驾驶人的盲区范围较大，路上一定要避开其视线盲区，不要长时间在大型车辆的两侧行驶,更不要与大型车辆抢行。 运送砂石、渣土、土方和建筑垃圾的大型车辆,运输途中容易发生遗撒,应尽量避免跟随,并与其保持隔道行驶。 由于车辆的惯性，大型车辆需要较长的刹车和加速时间。而大型车辆驾驶人为节省燃油,往往会保持稳定的车速。行驶在大型车辆前面时，前车紧急刹车容易造成被大型车辆碾压的事故,这种危险情况应避免。	遇到非机动车驾驶人回头张望时,表示他可能正在向外侧行驶或准备转弯。 非机动车可能会突然左摇右摆，因此在遇到非机动车时,应保持足够的距离。 遇到逆风或下雨时，非机动车驾驶人往往低头前进,此时驾驶人应注意提防。 非机动车有时会运载较大件物品在路上行驶,容易失去平衡和控制,甚至阻碍视线,驾驶人应对这种情形提高警觉。 骑自行车上坡时会感到吃力，驾驶人要预防骑车人随时停车或减慢速度。

经济驾驶

驾驶人和车主可以采取以下措施，降低驾驶成本：

经济驾驶技巧	
合理的速度	车速过高或过低时，都会导致油耗增加。
轻踩踏板	快速启动和急停会增加 40% 的燃油消耗，但只减少 4% 的行驶时间。
凉爽时驾驶	避免在一天中最热的时候开车。
合理降温	为了节省燃油，车速低于 65 千米/小时时应开窗关空调；当车速超过 65 千米/小时时，可关窗使用汽车空调。
暖车后再驾驶	即使在最冷的天气里，也只需要 30 秒就能让车辆准备好行驶。
注意报警灯	当车载诊断（On-board Diagnostics，OBD）灯亮起时，燃油经济性可能下降，尾气排放可能增加。
使用“节能”模式	如果车辆有“节能”设置，请使用它。它有助于平滑油门踏板输入，优化变速器换挡点，并减少空调对发动机的影响。
避免空转	空转浪费燃料，如果需要怠速，请换到空挡或停车，这样发动机就不会对制动器起作用并消耗更多燃料。
减少开车	可以通过少开车来降低出行费用。例如：乘坐公共交通工具，骑自行车、步行或拼车。此外，一次办多件事情可以节省时间和汽油。
定期检查轮胎压力	充气不足的轮胎会增加燃油消耗。
选择合适的车辆	选择效率最高的最小车辆来匹配驾驶需要。

文明驾驶

(1)让行紧急车辆

在没有应急车道的路段上，车辆后方遇有执行紧急任务的警车、救护车、消防车、工程抢险车等享有优先通行权的车辆时，最左侧车道车辆应让出其所在机动车道，并入相邻右侧车道，相邻右侧车道驾驶人应减速让行并入的车辆。

《济南市道路交通安全条例》规定

遇有消防车、救护车、警车、工程救险车执行紧急任务时，其他车辆和行人应按照下列规定让行：

（一）其他车辆向右侧变更车道或者靠道路右侧通行；

（二）通过交叉路口时，等待执行紧急任务的车辆通过后再通行。

有公交专用道或应急车道的，应方便优先通行的车辆驶入该车道。

遇紧急车辆左转或掉头时,应停车让紧急车辆先行。

路口信号灯为绿灯时,应在确保安全的情况下快速通过,并选择不阻碍紧急车辆通行的车道行驶;

路口信号灯为红灯时,应在确保安全的情况下通过停止线,并主动靠右侧避让,为紧急车辆让出通行空间。

在拥堵或等红灯排队的道路上,可以尝试用“45°让路法”来给后方紧急车辆让出生命通道。

遇有紧急车辆从垂直方向或占用己方车道对向驶来时,应立即靠边避让,直至紧急车辆驶过。

让行后的车辆不得紧随优先通行的车辆行驶。

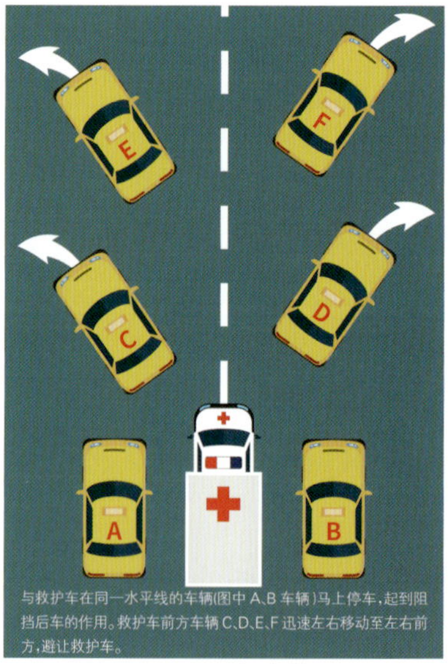

▲ 45°让路法

(2)让行公共交通

车辆行至公交站点,遇有公交车开启左转信号或非机动车超越公交车时,应减速或停车避让。

车辆在限时开放时段驶入公交专用道借道行驶时,应注意避让,不要强行切入。

出租车在上下客时,可能会突然停车,或者切入其他车行道,其他车辆应减速避让,预留足够的安全行车距离。

(3)让行校车

遇前方校车开启危险报警闪光灯,打开停车指示标志时,处于校车同方向的后方车道以及临近车道的车辆,应停车等待;处于其他机动车道上的车辆,应减速通过。校车后方停车等待的机动车不得鸣喇叭或者使用灯光催促校车。

经过此处要当心

乘客上下公交车时,
经常会出现从车前后横穿道路
或从远处追赶公交车的情况。
为了安全应对
这些复杂多变的情况,
驶近公交车站时,
应提前减速慢行;
超越起步公交车时,
应做好减速停车的准备。

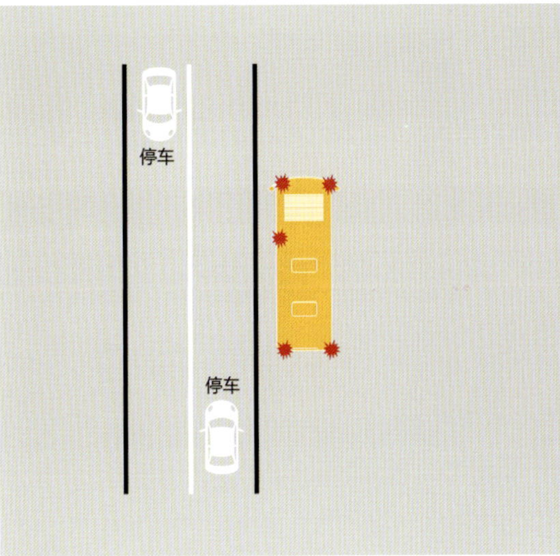

▲ 少于 4 车道的道路，两个方向都必须停车

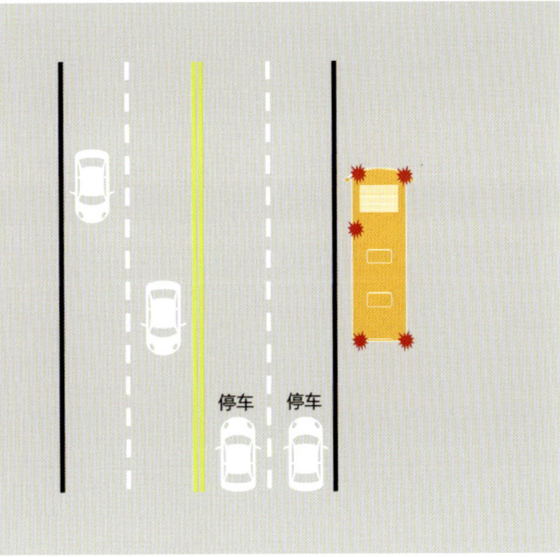

▲ 4 车道或以上道路，只有同方向必须停车

(4)让行行人和非机动车

遇有“注意行人”“注意儿童”“人行横道”“人行横道预告”等交通标志、标线时，应注意观察，提前减速慢行。

▲ 注意行人标志

▲ 注意儿童标志

进出道路或在没有交通信号灯的路段行驶时，应避让横过道路的行人和非机动车。

通过路口时，遇有行人和非机动车横过道路时，应减速或停车让行。

行经医院周边，遇有病人、残疾人横过道路时，应减速或停车让行。

行经居民小区、学校周边，遇有行人、儿童横过道路等情况时，应停车让行，不可加速抢行。

行经有积水、泥泞、碎石或者易产生扬尘的道路，遇有行人、非机动车时，应减速慢行或避让，不可加速通过。

行经施工路段时，应留意行人和非机动车，它们可能会占用机动车道通行。

2. 驾驶须知

车辆使用规则

(1)灯光的使用

夜间开车道路状况判断要谨慎，
地面颜色能反映路面状况。
一般来说，白色是积水，
黑色是坑洼，
正常路面多为灰色，
通常
走灰不走白，遇黑慢下来。

车灯能帮助驾驶人看清路面情况，也能帮助驾驶人被其他交通参与者看见。因此，建议保持车灯表面清洁。

① 远、近光灯的使用

在傍晚至清晨前，视线稍有吃力时，就应开启近光灯。

夜间在有路灯、照明良好的道路上行驶时，应开启近光灯。

夜间在没有路灯、照明不良的道路上行驶时，应开启远光灯，但遇到以下情形时应改用近光灯：

5 种应改用近光灯的情形

(1)距相对方向来车 150 米以外时。
(2)与同车道前车的距离小于 150 米时。
(3)在窄路、窄桥与对向行驶的车辆或行人交会时。
(4)在行经桥梁、隧道、涵洞时。
(5)车辆停止行驶时。

夜间驾驶时，有时需要交替使用远、近光灯，以提醒前车及周围的道路使用者注意或向其表达驾驶意图。

3 种应交替使用远、近光灯的情形

(1)通过急弯、坡路、拱桥、人行横道时。
(2)通过没有交通信号灯控制的路口时。
(3)准备超车时。

夜间驾驶视线受后方车辆的远光灯影响时，宜调整后视镜的角度，并通过轻踏制动踏板提示后方车辆减速并切换近光灯。

夜间跟随大型车辆时，应避免使用远光灯。明亮的灯光会反射在大型车的侧视镜上，使大型车驾驶人眩目。

② 转向灯的使用

在以下3种情形下，驾驶人应该开启转向灯：

3种应开启转向灯的情形

（1）在左转弯或者掉头时，应提前3秒开启左转向灯。

（2）在右转弯或驶离环岛时，应提前3秒开启右转向灯。

（3）在驶离停车地点、变更车道、超车、靠边停车时，至少要提前3秒开启转向灯，为周边的人留出必要的反应时间。

③ 危险报警闪光灯的使用

危险报警闪光灯作为一种信号，是用来提醒其他车辆驾驶人与行人注意本车发生了特殊情况。正常行车时，不要使用它。

4种应开启危险报警闪光灯的情形

（1）在路侧允许临时停车的地点停车时（注意不能借着打开危险报警闪光灯，故意在不准停车的地点或时段内停车）。

（2）在道路上发生故障或者发生交通事故时。

（3）牵引故障机动车时（牵引车与被牵引车均应开启危险报警闪光灯）。

（4）驾驶机动车抢救危重病人时。

④ 灯光的混合使用

遇有雾、雨、雪、霾、沙尘、冰雹等低能见度的气象条件时，应开启近光灯、雾灯、示廓灯、前后位灯、危险报警闪光灯。

黄昏视线不足或夜间在没有路灯、照明不良的道路上行驶时，应开启远光灯、示廓灯和后位灯。

行经桥梁、隧道、涵洞时，应开启近光灯、示廓灯和后位灯。

《济南市道路交通安全条例》规定

机动车上道路行驶，有下列情形之一的，应开启前照灯、示廓灯和后位灯：
（一）傍晚至清晨前；
（二）遇有雨、雪、雾、霾、沙尘等能见度低时；
（三）行经隧道、涵洞时。
机动车上道路行驶，有下列情形之一的，不得使用远光灯：
（一）照明状况良好时；
（二）可能影响同向机动车行驶时；
（三）与对向行驶的车辆会车时；
（四）车辆停止行驶时。

(2)喇叭的使用

在禁止鸣喇叭的区域或者路段不应鸣喇叭。

使用导盲犬或白色手杖的失明行人穿越街道时,会依靠车辆发出的声音来判断车辆所在的位置,并依靠人行横道信号灯的声音来判断何时可以安全地穿越街道。驾驶时,注意不要对他们鸣喇叭,这样可能会使他们迷途或受惊。

不要在非紧急情况下向驶近的骑行人鸣喇叭警示,大的喇叭声可能导致他们驾驶失控。

有些特殊的情形可以鸣喇叭,但是也需要注意文明使用喇叭。

3 种可以轻鸣喇叭进行提醒的情形
(1)遇有车辆、行人违反交通信号,突然穿插或转弯以及前车溜车等危及交通安全的紧急情况时。
(2)行驶在能见度较低或视野存在盲区(如急弯、坡道顶端等)的道路上时。
(3)准备超车时。
注:轻鸣喇叭进行提醒时,一般连续使用喇叭不超过 3 次。

3 种不应连续或者长鸣喇叭催促的情形
(1)遇有老、弱、病、残、孕等行动不便的行人时。
(2)在居民小区、人行横道、路口遇有行人、儿童等情况时。
(3)行驶至道路拥堵路段或前车遇特殊情况需减速或停车时。

(3)座椅的使用

驾驶人应根据身高、体形等调节座椅位置,保证能够将踏板踩到底;调整座椅靠背角度时,应保证驾驶人腰背部与靠背贴合,便于操纵车辆。

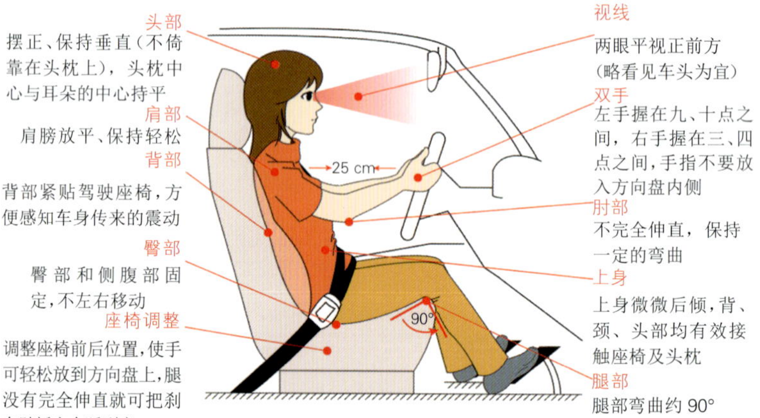

▲ 驾驶人座椅的调整方法

座椅头枕应固定在相应高度的卡位中使头枕不摇晃,同时中心高度宜与头部中心平齐。

(4)方向盘的使用

驾驶时,应使用正确的方向盘握姿。将方向盘看作一个钟表,然后将左手握在九、十点之间,右手握在三、四点之间,双手呈左高右低状操纵方向盘。

为减少展开的气囊可能对面部、手臂和手部所造成的伤害,驾驶时应紧握方向盘外围,指关节应压在方向盘上且拇指应在方向盘边缘张开。

▲ 正确的方向盘握姿

注意车内 AirBAG 标志

安全气囊是汽车上非常重要的安全性配置，当车辆发生撞击意外时，撞击感知器侦测到意外发生后，便会快速启动气囊，给驾驶人提供缓冲保护作用。车内标注 AirBAG 的位置表示该处设置了安全气囊，因此不要在该处粘贴、覆盖装饰物或摆件，避免紧急情况下被高速弹出的气囊“发射”出去，伤到驾驶人和乘客。

(5)安全带的使用

驾驶时，须佩戴符合规格的安全带，并根据身高调整安全带的高度，将安全带平顺拉出插入插座。

肩部安全带应从肩部与颈根部之间的合适位置(锁骨)通过，不应从颈部或胳膊下面通过。腰部安全带应从髋部上通过，不应从腹部上通过。

▲ 安全带的使用方法

驾驶人要提醒乘客佩戴安全带，不可多人同时共用一条安全带。

驾驶人要定期检查安全带，如残旧、损坏，应立即更换。

为什么要佩戴安全带?

在车辆碰撞时，我们的上半身呈现出一个“挥鞭”式运动(类似于抽鞭子时，鞭子梢做的运动)，脊柱受损伤的程度取决于挥鞭的幅度和力量。使用安全带能降低紧急减速情况下“挥鞭”的幅度，同时能卸掉一部分冲击力，从而对身体起到保护作用。另外，在未使用安全带的情况下，车辆紧急制动时身体与气囊弹出的方向相对，此时气囊的弹力有可能造成人体骨折。而气囊和安全带配合使用时，在安全带卸力的情况下，可以使弹出的气囊不至于对人体造成伤害。

车辆通行规则

(1)分道通行

《中华人民共和国道路交通安全法》规定:“根据道路条件和通行需要,道路划分为机动车道、非机动车道和人行道,机动车、非机动车、行人实行分道通行。”驾驶人必须了解以下要点:

机动车分道通行须知	
在划分人行道和车行道的道路上	将车辆保持在机动车道内(在出入道路外的设施或场所而横过非机动车道、人行道时不受此限制)。
在没有划分人行道和车行道的道路上	尽量避免贴近路边。
在未设置中心隔离设施或未施划中心线的道路上	靠道路中央偏右侧行驶,但不要紧贴右侧路边。
在双向两车道中心线分隔的道路上	在中心线的右侧行驶。在确保安全的条件下,超车、躲避障碍物时可以越过中心虚线行驶,但不得骑、轧或越过中心实线行驶。
在道路同方向划有 2 条以上机动车道的道路上(左侧为快速车道,右侧为慢速车道)	载货汽车、低速载货汽车、摩托车、实习期内的驾驶人驾驶的机动车以及正在道路上拖移、牵引机动车的清障车、牵引车,除超车或者准备左转外,应在最右侧的机动车道通行。慢速车道内的车辆超越前车时,在确保安全的情况下,可以在分道线为虚线的路段借用快速车道行驶,但不得骑、轧或越过分道实线行驶。
在混合交通道路上	根据道路情况及自身车辆的宽度,选定符合自己的行车路线,并根据行车路线的宽窄以安全车速通过。

(2)减速慢行

减速慢行有时是为了给其他道路使用者留出空间,有时是为了避免一些潜在的危险。驾驶人应熟知以下要点:

8 种应减速慢行的情形

(1)在通过没有交通信号灯控制的路口或有减速标志、标线的地点时,应减速慢行。

(2)在转弯、掉头、上下陡坡或通过窄路、窄桥、铁路道口、泥泞道路、施工道路时,应减速慢行。

(3)在行至学校、医院附近路段时,应及时减速、注意避让。

(4)在通过公交车站时,应注意观察车站内候车乘客的动态,提前减速。

(5)在超越停在公交车站内的车辆时,应提防公交车前方有人突然闯出,提前减速。

(6)在通过涉水路段后,刹车片会进水,降低摩擦系数,影响制动性能,因此应低速行驶一段路程,间断轻踏制动踏板,直至恢复制动效果。

(7)在途经砂石路面时,应减速行驶,避免溅起的砂石伤及其他道路使用者。

(8)在遇雾、雨、雪、霾、沙尘、冰雹等低能见度气象条件时,应减速慢行。

(3)停车让行

停车让行不仅是为了安全，也是一种文明行为。遇到以下情形，驾驶人应停车让行：

5 种应停车让行的情形

(1)在遇有停车让行标志、标线的地点时。

(2)在遇行人、非机动车正在通过人行横道时。

(3)在遇老年人、儿童、孕妇、携婴者、盲人以及其他行走不便的残疾人横过道路时。

(4)在与校车同车道及同向相邻左侧车道内机动车遇前方有校车停车上、下学生时。

(5)在遇中小学生及儿童列队横过道路时(双向行驶的车辆应停车让行，直到队伍完全通过)。

济南市实行的车辆让行规则

转弯让直行：灯控路口下，在没有方向指示信号灯的交叉路口，转弯的机动车让直行的车辆、行人先行，但直行车辆尚未进入交叉路口，而转弯车辆已达中心处开始转弯，则直行车辆应让转弯车辆先行的情况除外。

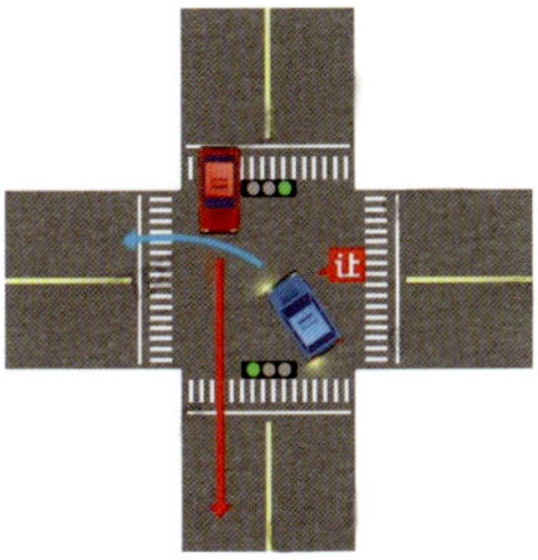

左转让对向直行

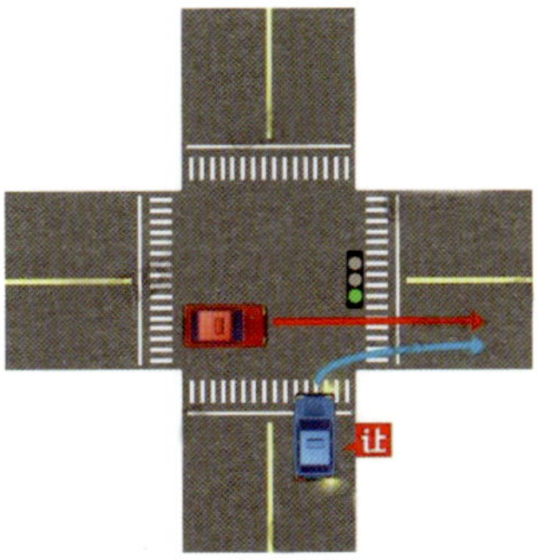

右转让同向直行

右转让左转：灯控路口下，在没有方向指示信号灯的交叉路口，相对方向行驶的右转弯机动车让左转弯车辆先行。

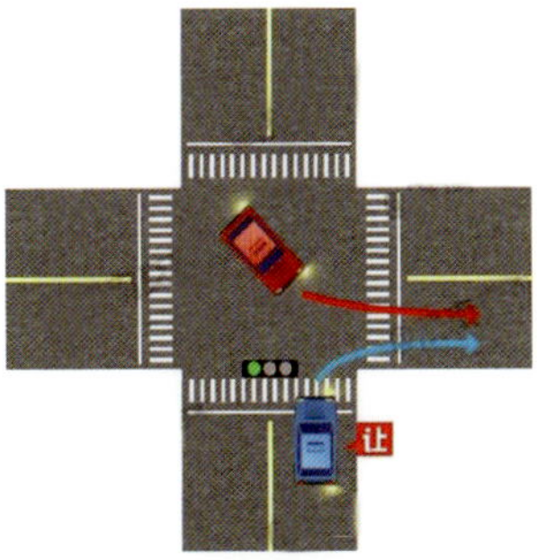

掉头让正常行驶车辆：机动车在没有禁止掉头或者左转弯标志、标线的地点可以掉头，但不得妨碍正常行驶的其他车辆和行人的通行。

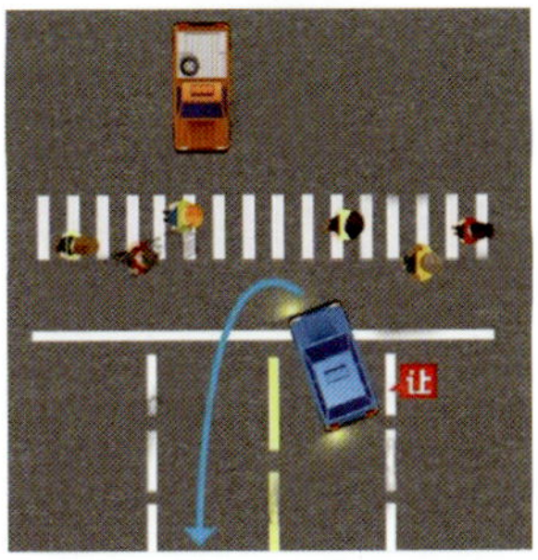

借道让行:沿街车辆借非机动车道进出机动车道时，需减速让行,保证行人及非机动车的正常通行。

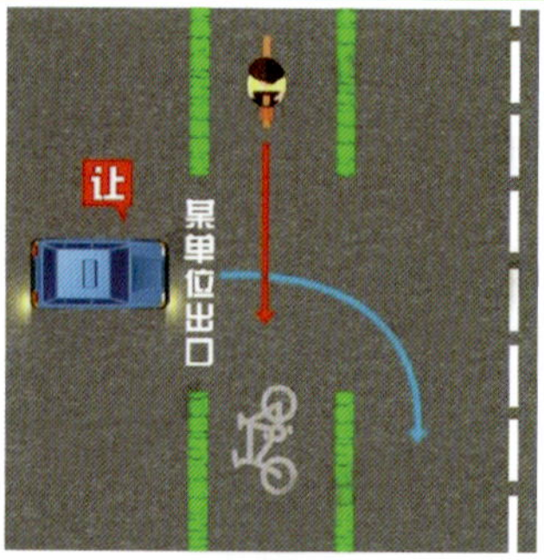

无灯控路口右侧先行:机动车通过没有交通信号灯控制，也没有交通警察指挥的交叉路口时，在进入路口前停车观察，让右方道路的来车先行。

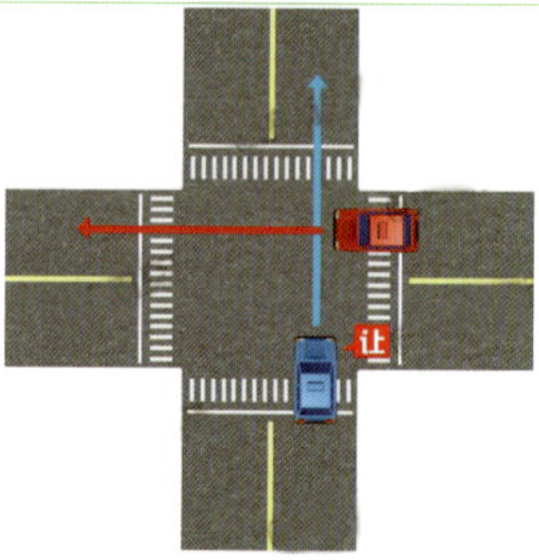

环形路口环内先行:准备进入环形路口的机动车让已在路口内的机动车先行。

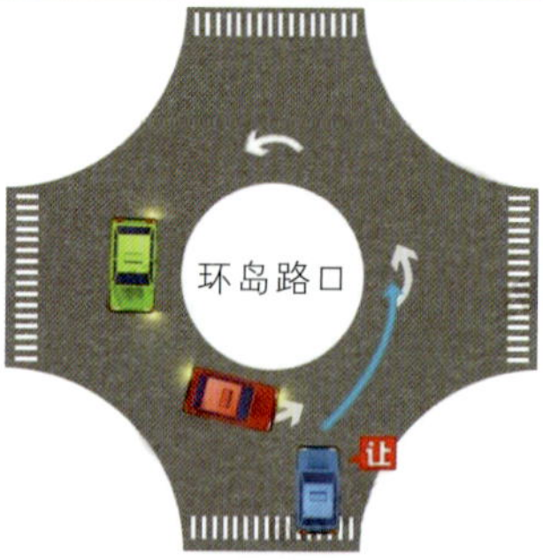

同等路权交替通行:遇有同等路权的合流路口时，机动车应依次交替通行。

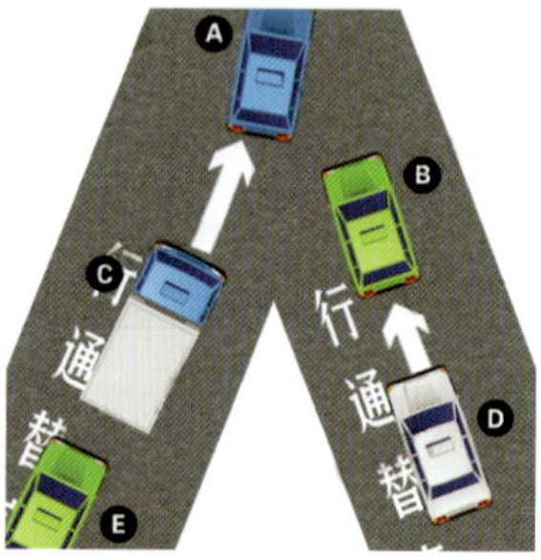

主次道路主道先行:遇有支路、匝道汇入主干路时,主道车辆先行,支路、匝道车辆后行。

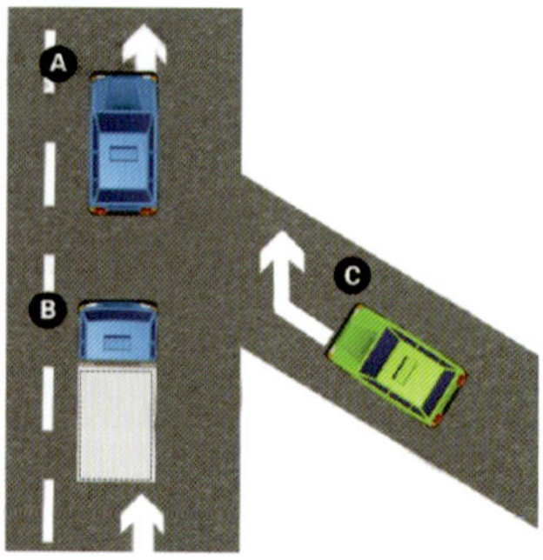

需要注意的是：不要想当然地认为其他驾驶人一定会按规则让路，如果他们没有这样做，请不要坚持拥有优先通行权，这样可能会导致撞车。

（4）变更车道

机动车应在车行道内行驶，不要随意轧、骑标线。如需变更车道，应在确保安全的前提下，在白色虚线或黄色虚线处进行。

原车道内行驶的车辆具有优先通行权。因此，变更车道时应注意让行原车道内行驶的车辆，避免因变道而造成侧后方行驶的车辆速度或方向突然改变。

变更车道时，不应一次连续变更两条以上车道或在车道之间来回穿梭，不应长时间跨车道线（虚线）行驶或穿越车道实线。

当左右两侧车道的车辆同时向中间同一车道变更时，左侧车道的车辆应让右侧车道的车辆先行。

在即将变更进入的车道内空间不具备进入条件时，应及时减速返回原来的车行道；在此之前，仍须先从后视镜看清楚，确保原车道内没有其他车辆从后赶上。

不应在路口、路段施划有白色实线的位置变更车道。

在遇拥堵或行车缓慢时，应尽量避免变道、穿插等候车辆。

（5）超车

在驾驶时，超车和被超车都无法避免，但应减少不必要的超车。确认要超车时，在观察前后的路面情况并确认超车不会对其他车辆造成干扰后，方可超车。

在未设置中心隔离设施或未施划中心线的道路上，应在确保前方安全距离内无迎面来车时，方可超车。

超车时，应适当加速从左侧超越前车，并与被超车辆保持足够的横向间隔，在与被超车辆拉开一定的安全距离后驶回原车道，切勿强行切入。

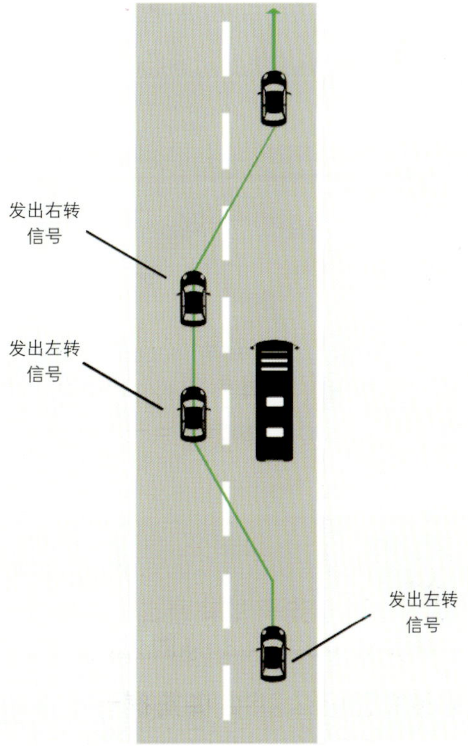

▲ 正确的超车方法

在超车时,如果前车加速,必要时应该放弃超车,及时减速返回原来的车行道,跟车前行。返回原车道之前,应通过后视镜观察,确保原车道内没有其他车辆从后赶上。

在超越停在路边的车辆时,应注意观察和预防车辆突然起步或者突然打开车门。

在遇雾、雨、雪、霾、沙尘、冰雹等气象条件时,应尽量避免超车。

在遇后方车辆发出超车信号时,具备让超条件的,宜减速靠右行驶,让出超车空间;不具备让超条件的,宜轻踏制动踏板提示。

被超越的机动车在未被完全超越的情况下,不得加速行驶。

超车应注意"超左不超右"。由于我国实行右侧通行原则,且驾驶人座椅在驾驶室左侧,因此右侧的盲区较大,一旦右侧车道有障碍物,驾驶人很难观察到,从而增大事故隐患。

6 个不应超车的地点

(1)有禁止超车标志的。
(2)车道线为实线的。
(3)前车正在左转弯、掉头、超车,或与对面来车有会车可能的。
(4)前车为执行紧急任务的警车、消防车、救护车、工程抢险车的。
(5)行经窄桥、弯道、陡坡、隧道、市区交通流量大的路段等没有超车条件的。
(6)前车为开启危险报警闪光灯和停车指示标志的校车的。

▲ 禁止超车标志

▲ 解除禁止超车标志

(6)会车

前方有会车让行标志时,应让对向来车先行(即红色箭头一方要让行)。

没有让行标志时,要把握一个原则:有避让条件的车,要礼让无避让条件的车先行通过。

▲ 会车让行标志

▲ 会车先行标志

4 种会车让行的情形

（1）遇到车道内出现障碍物而无法会车时，受阻挡的车辆应减速或停车，让对向来车先行；如果受阻挡的车辆已经进入障碍路段，对向车辆应让行。

（2）遇到道路狭窄无法满足会车条件时，最接近可以会车地点的车辆应在该地点停车等候让行，并在必要时倒车驶入该地点。

（3）在坡度大的道路上，下坡车辆应让上坡车辆先行，但下坡车辆已行至中途而上坡车辆未上坡时，上坡车辆应让下坡车辆先行。

（4）在狭窄的山路上，不论是上坡还是下坡，都应让不靠山体的车辆先行。

在夜间没有路灯或照明不良的道路上会车时，应关闭远光灯，改用近光灯。遇有对向车辆使用远光灯时，驾驶人不可直视对向来车的灯光，可将视线转向道路右侧，用余光观察对向车辆。切忌使用远光灯回照对方。

（7）掉头

在未设置禁止掉头或左转弯标志、标线的路口、路段可以掉头，但应确保能被任何方向 150 米内的过往车辆清楚看到，且不能妨碍正常行驶的其他车辆和行人通行。

▲ 禁止掉头标线

▲ 禁止掉头标志

▲ 掉头标志

4 种禁止掉头的情形

（1）有禁止掉头标志或左转弯标志、标线的路段。

（2）铁路道口、人行横道、桥梁、急弯、陡坡、隧道。

（3）容易发生危险的路段。

（4）在施划有双实线或在虚实线的实线一侧路段。

在可以掉头的路口,道路中心线在接近路口停止线时由实线变为虚线,车辆可以不用考虑路口信号灯在虚线区域直接掉头。若道路中心线没有停止线之前的虚线区域,掉头车辆须待绿灯放行时越过停止线后掉头。在有人行横道且道路中心线没有停止线之前的虚线区域的路口,须越过人行横道后才能掉头。

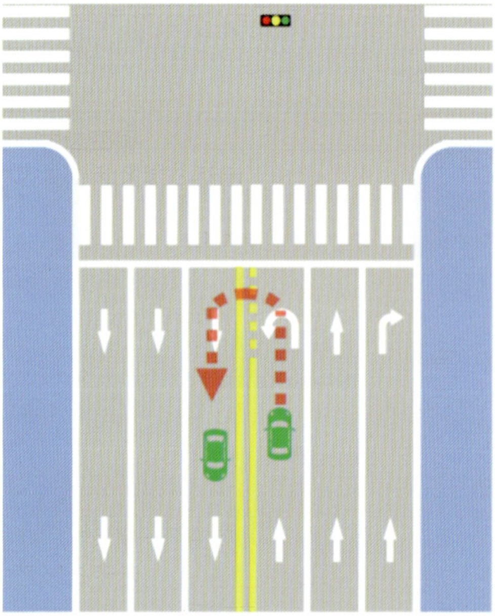

▲ 在虚线区域直接掉头

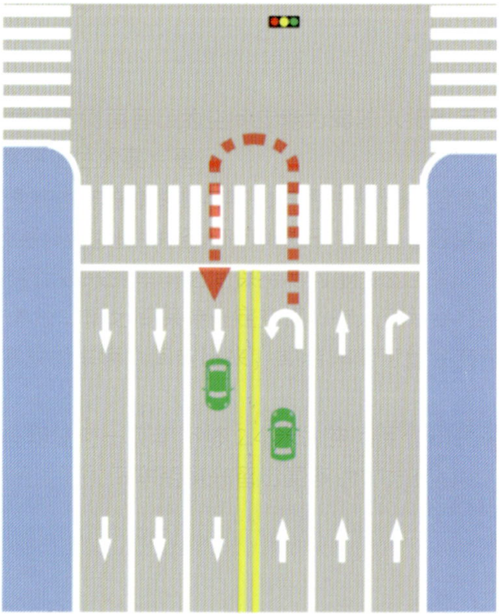

▲ 越过人行横道后才能掉头

在有左转待行区的路口,掉头车辆应按信号指示进入待转区,当左转绿灯放行时应掉头行驶。

(8)倒车

驾驶人应在确定倒车安全并且不影响交通后,才能倒车。

倒车前,应确保车后没有行人(尤其是儿童)。如不能确定,应下车检查,或请他人查看,确保倒车安全。

倒车时,驾驶人(尤其是大型车辆驾驶人)如果无法看清车后情况,要请他人引导,并尽量避免长距离或长时间倒车,同时要注意给其他车辆和行人让路。

由于驾驶人正向坐在车内,倒车时很难看到后方及侧面的道路状况,故应该缓慢倒车,并注意查看汽车两侧。注意不要过分依赖雷达、倒车影像等电子辅助设备,扭头查看必不可少,如有必要请鸣喇叭,可提醒可能未注意到的行人。

在铁路道口、交叉路口、单行路、桥梁、急弯、陡坡、隧道等易发生事故的路段,不要倒车。

(9)停车

车辆停放要有秩序，不可以随便停放，要选择允许停车且具备停车条件的地点，注意不要长期持续占用道路资源或其他公共资源，避免对市民生活造成影响。

《济南市道路交通安全条例》规定

机动车应当在停车场或者交通标志、标线规定的道路停车泊位内停放。禁止在人行道上停放机动车，但是依法施划的停车泊位除外。

机动车在城市道路允许临时停车的路段停车的，不得妨碍行人和其他车辆通行，驾驶人不得离开车辆，上下人员或者卸载货物后立即驶离。

停放车辆时，注意升高车窗、关闭引擎、锁定点火装置、取下钥匙并设好驻车刹车，锁好车门并随身携带贵重物品或把贵重物品收置在车厢内。不要将儿童、老人和宠物留在无人看管的车内。

部分停车标志会对车辆类别、停车时间等加以限制，应注意标志的辅助说明。

▲ 停车标志实景图(a)

▲ 停车标志实景图(b)

不要在井盖上方或变压器下方等容易发生危险的地点或专用停车位上停车。

残障人士停车位旁边的网格区域禁止停车。

为方便残疾乘客在限制区域或路段上落车，在不会对其他道路使用者构成妨碍的情况下，不受禁令标志的限制(网状线、高架路、隧道除外)。

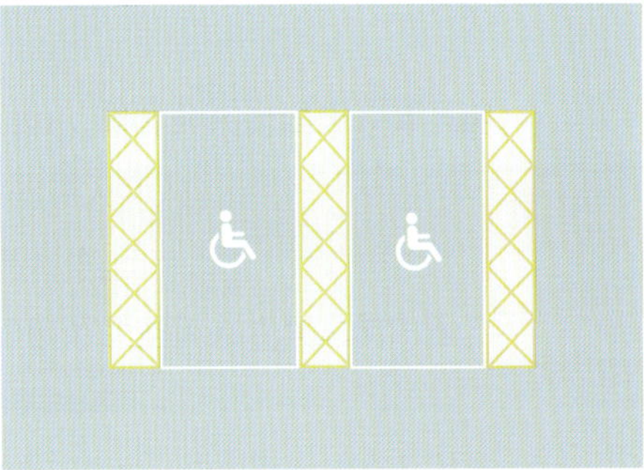

▲ 残障人士停车位示意图

临时停车时,驾驶人不得离车,应选择允许临时停车的路段紧靠道路右侧停车。车辆停稳后应立即熄火,拉紧手刹(或按下电子驻车按钮),并开启危险报警闪光灯。上下人员或装卸货物后以及遇有交通阻塞或者影响道路畅通时,应立即驶离。傍晚、夜间、清晨、大雾、重霾等光线不好时,应同时开启危险报警闪光灯、示廓灯、后尾灯。

3种严禁临时停车的情形

(1)**30米原则**:公交车站、急救站、加油站、消防栓或者消防队(站)门前以及距离上述地点30米以内的路段,使用上述设施的除外。

(2)**50米原则**:交叉路口、铁路道口、急弯路、宽度不足4米的窄路、桥梁、陡坡、隧道以及距离上述地点50米以内的路段。

(3)**特殊路段**:在设有禁停标志、标线的路段,在机动车道与非机动车道、人行道之间设有隔离设施的路段以及人行横道、网状线、急救通道、消防通道、施工地段等。

坡道停车,应尽可能地靠近右侧路沿石,并适当偏转车轮,以防止在驻车失灵时车辆滑入车道。具体的停车方法如下:

坡道停车方法

在有路沿石的坡道停车,上坡路段停车将车轮转向左侧,下坡路段停车将车轮转向右侧,并使靠近路边的前轮与路沿石接触。这样即使溜车,也会因前轮受路沿石阻挡而停下来。

在没有路沿石的坡道停车,车轮应转向右侧,以使车辆不会在溜车后越过道路中心线。

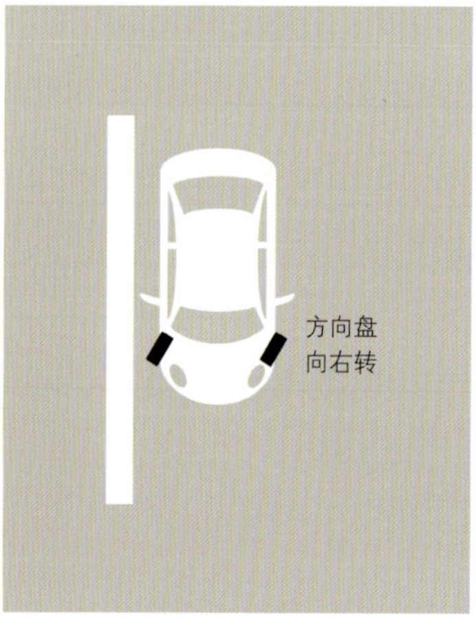

▲ 在带路缘的下坡停车

▲ 在带路缘的上坡停车

▲ 在不带路缘的下坡或上坡停车

济南市实行的“即停即走”规则

（1）已设有“即停即走”点位的道路

① 经十路沿线路口的出口展宽处

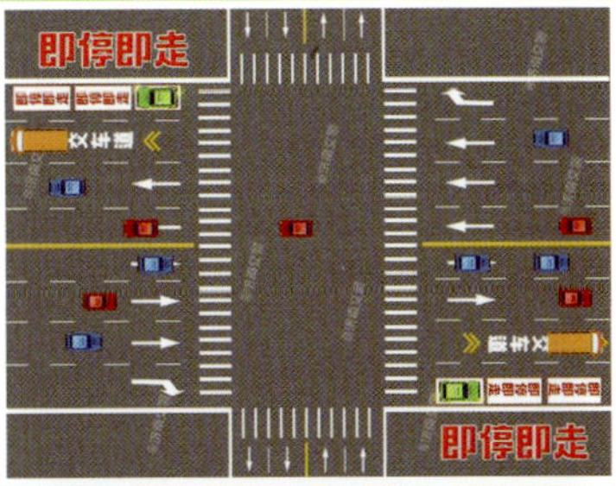

② 经七路、泺源大街沿线主辅道绿化带出入口的闲置空间处

③ 城市快速路匝道合流、分流导流岛区域设置的“应急停车位”（用于车辆抛锚、应急车辆临时停放）以及城市快速路部分路段的展宽处导流线位置

（2）未设有“即停即走”点位的路口、路段

① 路口

遇主干道与次干道交叉路口需上下乘客时，应右转进入次干道后，即停即走上下乘客。遇次干道与支路交叉路口需上下乘客时，应右转进入支路后，即停即走上下乘客。遇支路与街巷交叉路口需上下乘客时，应右转进入街巷后，即停即走上下乘客。（上述即停即走位置，禁止临时停车的点位除外）

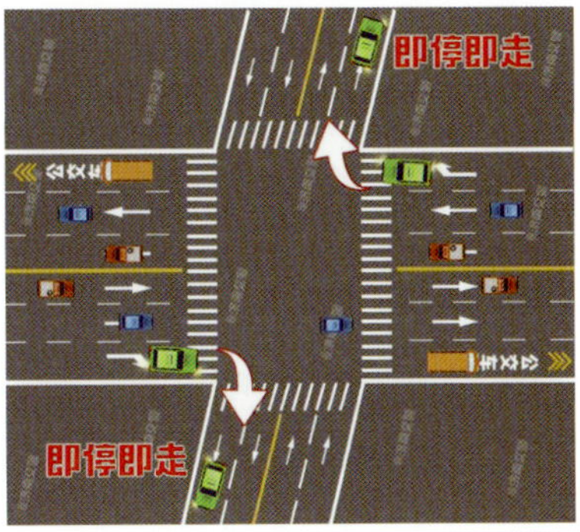

② 路段

遇上述交叉路口以外的路段“即停即走”时，可选择路段上的单位门口、街巷路口等出入口的主辅道绿化带闲置空间处，在不影响车辆正常进出通行的情况下，即停即走上下乘客，严禁占用机动车道、非机动车道停车。

（10）路口通行

驶近路口时，应留意车辆在道路上的位置及速度是否适当。要按照交通标志、标线的指示，选定并驶入导向车道。

遇前方路口交通阻塞时，要依次停在路口外等候。

▲ 不按导向车道行车违法行为

车身较长的车辆转弯半径较大，要注意避让并与其保持足够的安全距离。

车辆转弯的正确做法

（1）车辆右转弯时，应预先靠近道路的右侧，同时尽量沿着道路的右侧（道路标志、标线等指定了应该通行道路部分则沿着该部分）慢行，匀速驶入右侧路段外侧机动车道。

（2）车辆左转弯时，应预先靠近道路中央，同时在路口中心附近的内侧（道路标志、标线等指定了应该通行道路部分则沿着该部分）慢行。如果迎面而来的车辆也同时左转，应从该车辆的右边驶过（见右图）。

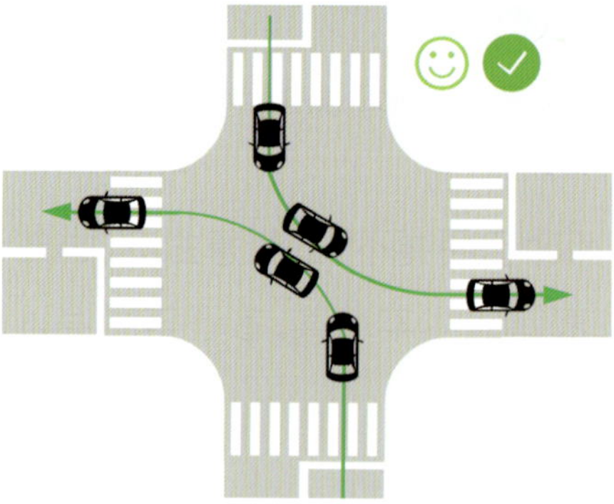

遇到公交车、校车或其他优先通行车辆时，应注意让行。

通过路口时，要仔细观察，遇有行人、非机动车或其他优先通行车辆时，注意减速慢行或停车让行。

通过有信号灯的路口时

（1）在有信号灯的路口，要按信号灯指示通行，并注意使用待行区。当前方路口交通阻塞时，即使绿灯亮着，仍应该依次在路口外等候。

（2）遇到放行信号时，要按照放行的（方向指示）信号灯通行，但有垂直方向道路优先于本放行信号放行的车辆时，应该让其先行。

（3）右转弯车辆不受信号灯控制，但有右转指示信号灯的除外。

（4）当信号灯故障时，请按无信号灯路口的规则通行。

通过无信号灯的路口时

（1）在有交通标志、标线控制的路口，要让优先通行的一方先行。

（2）在没有交通标志、标线控制的路口，进入路口前要停车观察。

通过环岛时

（1）进入环岛前，要降低车速，将速度降低至环岛限速规定范围内；未标明限速值的，车速不宜超过 30 千米/小时。**注意：准备进入环岛的车辆应让已在环岛内的车辆先行。**

（2）进入环岛时，要按照导向箭头所示方向顺序行驶，同时应注意左侧来车。

（3）准备驶出环岛时，要开启右转向灯，确认安全后变更到外侧车道，驶出环岛。

（4）注意车身较长的车辆，因为这些车辆在通过环岛时，可能会越线行驶。

驶入主干路、快速路时

驶入主干路、快速路时，要仔细观察前方指路标志，按照标志指示方向提前选定并进入对应车道，将速度控制在限速范围内。

（11）特别路段

① 公交专用道

除 BRT 公交专用道、单行路逆向公交车道外，济南市的公交专用道限时向其他车辆开放，允许其他车辆借道通行，开放时段以公交专用道标志、标线规定时间为准。

如何在有公交专用道的路口右转？

（1）在有右转弯专用道的路口，其他车辆可通过黄色网状线借公交专用道进入右转车道右转，不允许在公交专用道内右转。

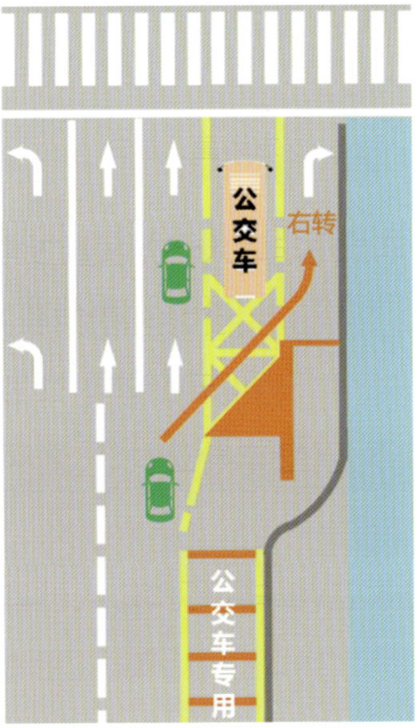

（2）在没有右转专用道的路口，其他车辆在非开放时段可借公交专用道右转，开放时段可借公交专用道直行和右转。

② 隧道

隧道内空间狭窄、环境封闭、光线较弱，且容易使驾驶人产生压抑和紧张感，而且一旦发生事故容易接连发生追尾，因此，要注意小心行驶。

通过隧道须知	
进入隧道前	要注意隧道限宽、限高、限速标志。同方向有两条或以上机动车道时，应选定适当的车行道行驶，选定后不要随意变道。
进入隧道时	应开启近光灯、示廓灯、后位灯，避免使用远光灯，以免造成其他驾驶人出现眩目发生事故。
在隧道内	应时刻注意保持车距，不要倒车、急刹或随意停车。切勿在隧道内下车，除非有紧急事故。
驶出隧道时	应注意观察交通情况，预防事故的发生。
驶出隧道后	在“明适应”的过程中切勿盲目加速，以免因视力瞬时下降，不适应环境而造成危险。

进出隧道时的视觉适应现象

人眼感受到的外界环境是不断变化的，我们的视觉系统必须根据外界环境的变化作出适应性的调整，这就是视觉适应。

暗适应。人由光亮的地方突然进入黑暗的地方，开始时视觉感受性很低，看不清东西，经过一段时间后，视力逐渐恢复，变得能够识别黑暗中的物体，这个过程叫作暗适应。

明适应。当人由黑暗的环境骤然进入非常明亮的环境时，会感到光线耀眼，眼睛也会有个习惯和视力恢复的过程，这叫作明适应。例如，驾驶人刚从长隧道出来见到太阳，就会出现这个现象。

③ 施工路段

通过施工路段时，应注意观察警示标识或者闪动信号灯，并及时减速、小心驾驶，提防工程人员、行人及车辆突然闯入行车道。

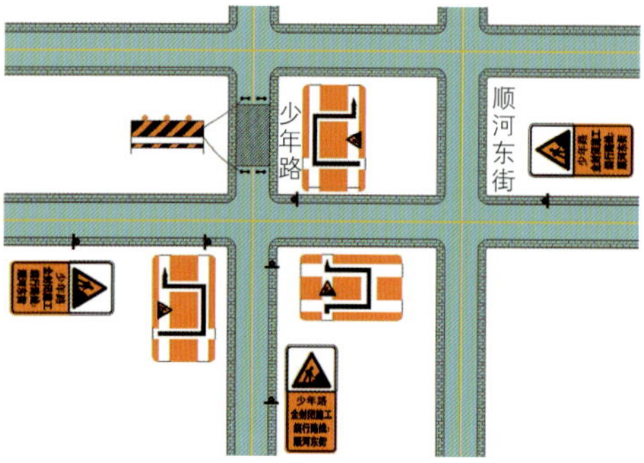

▲ 施工路段平面示意图(a)

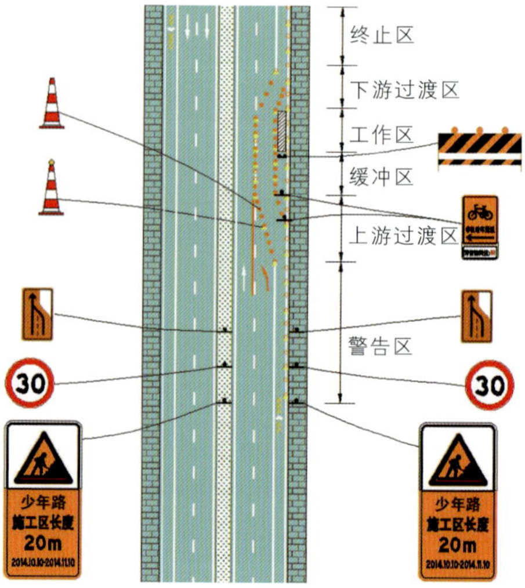

▲ 施工路段平面示意图(b)

当遇到专人手持的“停”字标志牌时，应减速停车。

如有需要，应充分利用临时交通标志提供的各条行车线信息，选择适当的行车线。

返回正常车行道时，除非有标志、标线另作指示，否则在未完全驶离道路工程范围之前，不应变更车道。

3. 营运驾驶

营运驾驶人应具备相应的从业资格，并驾驶与其从业资格相符的营运车辆。

发车前，驾驶人或乘务员应对乘客行李和随车物品进行检查，确保牢固可靠，避免因摆放位置不当导致砸伤或绊倒乘客。

驾驶人应将车辆安全设备放置在便于取用的位置，并确保性能良好、有效使用。

行车过程中，驾驶人不要与其他人员闲谈、以手持方式接打电话、佩戴耳机、吸烟、饮食或看资料，不做与安全行车无关的事。

部分道路上设有针对营运车辆的专用交通标志（如特定路段允许通行的时间，车辆长、宽、高度限制等），驾驶人应特别注意并严格遵守。

公交车

在设有公交专用道的路段行驶，应走公交专用道。在没有公交专用道的道路上，应在最右侧车道行驶。

大部分乘客没有安全保护设施，行车时要以不危害乘客安全为原则，保持起停平稳，换挡顺畅、方向稳准，确保乘客坐稳、站稳、扶牢。

要等车门关好后，确认车门前无人时才可缓慢起步。

变道时要注意观察左右及车后的情况，避免强行占道造成堵塞或刮擦事故，不可紧急减速、猛打方向。

如遇塞车走走停停，要注意与前车保持安全距离，避免抵近急刹；坡道堵车还应注意避免追尾和溜车。

进站停靠应停在标线内，防止因不规范停车而造成上下客不便或导致道路拥堵。

驾驶人在公交专用道驾驶时，仍应仔细观察，注意行人和骑行人，避免发生事故。

校车

校车运载学生，要在公安机关规定的位置放置校车标牌，开启校车标志灯。可以在公交专用道以及禁止其他车辆通行但允许公交车通行的路段行驶。

校车应在设置的停靠站点停靠,车辆停稳后方可上下学生,学生全部离开车辆到达安全区域后,车辆方可开动;未设校车停靠站点的路段可以在公交站台停靠。

校车在道路上停车上下学生,应靠道路右侧停靠,并开启危险报警闪光灯,打开停车指示标志。

校车载人不应以任何理由超过核定人数。

载有学生的校车速度限制

(1)行驶的最高速度不得超过60千米/小时。

(2)道路交通安全法律法规规定或者道路上限速标志、标线标明的最高速度低于60千米/小时的,从其规定。

(3)在急弯、陡坡、窄路、窄桥以及冰雪、泥泞的道路上行驶,或者遇有雾、霾、雨、雪、沙尘、冰雹等低能见度气象条件时,最高速度不得超过20千米/小时。

驾驶校车"三不要"

(1)不要驾驶存在安全隐患的校车在道路上行驶。

(2)不要在校车载有学生时给车辆加油。

(3)不要在校车发动机引擎熄灭和刹车装置制动前离开驾驶座位。

出租车

出租车空车行驶时,建议选择在最右侧的机动车道行驶;载客时,可以选择在相邻的左侧车道行驶。

出租车应在统一划定的停车点或设有招手停车示意牌处停车候租,不要在市区道路上任意掉头、截头猛拐、逆向停车。

出租车文明待客须知

(1)乘客提行李时,驾驶人应协助乘客将行李放入行李厢内,行李厢应由驾驶人开启和闭锁,不要因装载行李而敞开车厢行驶。

(2)乘客上车后,驾驶人应主动提醒乘客系好安全带,提醒乘客不要将头、手伸出车外,劝阻乘客提出的不利于安全行车的要求。

(3)根据乘客目的地选择最近、合理的路线行驶;停车时,在允许停车路段按乘客目的地就近停车;在交通法规禁止上下乘客的地方,驾驶人应劝拒乘客上下车。

(4)营运途中,如乘客改变目的地,应按乘客意愿重新选择合理路线。

(5)未经乘客同意,不得再招揽他人同乘。

(6)不舍近求远无故绕道,不挑客,不无故拒载、议价、中途甩客或倒客。

(7)对老、幼、弱、病、残、孕、伤者等特殊乘客,应优先供车,热情主动地帮助乘客顺利乘车;遇乘客不适时,应提供必要的帮助或拨打救助电话。

货车

不可驾驶超载的车辆，即车辆总质量或车轴质量超过容许限度的车辆。

载货车辆应将货物捆扎妥当，需要时要将货物盖好，以防从车辆吹下或跌落的泥尘、碎块对其他道路使用者造成不便或危险。

遇有货物或物体从车上遗落或撒漏，应把车辆停在安全的地方，然后尝试移走掉出的货物或清理漏出的物体；如无法迅速和安全地清理现场，应警示其他道路使用者，同时请求协助。

运输危险化学品的驾驶人，途中如需要较长时间的停车，应采取相应的安全防范措施；运输剧毒化学品或者易制爆危险化学品的，还应向当地公安机关报告。

运输剧毒化学品、易制爆危险化学品的驾驶人，如遇在道路运输途中物品丢失、被盗、被抢或者出现流散、泄漏等情况，应立即采取相应的警示措施和安全措施，并向当地公安机关报告。

4. 特别关爱

遇有老、弱、病、残、孕及其他行动不便的行人时，应小心驾驶，让出足够空间、时间，以方便他们通行。

儿童容易被停放好的车辆、路旁障碍物及其他行人遮挡，可能会突然踏进或跑上行车道；儿童也难以准确判断车速，更难留意和了解道路上的种种危险。因此，应格外注意车辆周围的儿童。

在学校、儿童游乐场以及相关场所附近，应减速慢行，同时注意上下校车的学生。当学校交通协管员手持“停车”标志指示车辆停车时，应停车让行。

5. 特殊天气

路面湿滑时，轮胎的附着力会降低，刹车距离会增加，应预留更大的行车距离，以便减速和停车。有些路面在特定的时间或路段内会变得湿滑。可以用以下方法辨别湿滑路面：

如何辨别湿滑路面？

（1）冬季天气阴冷潮湿时，即使其他地方的路面没有结冰，阴暗处也可能会结冰。

（2）桥梁上可能会有结冰处。这是因为桥下没有可用作隔离冷空气的泥土。

（3）天气炎热刚开始下雨时，道路可能特别湿滑。这是因为热量促使沥青中的油浮上路面，与路面上的积尘和雨水混合在一起，形成一层湿滑的油泥，在油泥被冲掉之前，路面会很滑。

途经积水路面时，车速切勿太快。溅起的水花会影响其他驾驶人的视线，或者溅湿骑车人和行人。

道路被雨水淹没时，应停车查看水深程度，据此判断是否通过。如继续行驶，应尽量慢行，通过后，应立即检查刹车系统的性能。

在雾、霾等气象条件下，应及时打开雾灯、近光灯和示廓灯。若在快速路或浓雾气象条件下，还应打开危险报警闪光灯。切记不要使用远光灯，因为远光灯向上射出的光线被雾气漫反射，会在车前形成白茫茫的一片，开车时反而什么也看不见了。

在大雨、雷暴等气象条件下，环境的噪声可能导致其他驾驶人无法听见鸣笛信号。若需要向他人发出警告，应闪动前照灯。同时也应留意其他车辆发出的警告信号。

在强风等气象条件下，应提防路上被吹倒的树木及其他障碍物。

六 乘车篇

升车，必正立，执绥。车中，不内顾，不疾言，不亲指。

——《论语·乡党》

六·乘车篇

你必须知道的交通规则

文明乘车是城市的一张名片，代表着一个城市的形象。树立文明乘车意识，倡导“关爱、礼让、自觉、和谐”的文明乘车理念，从我做起，带动身边的人，成为新时代的文明使者。

1 右侧上下车

乘车时，请从右侧车门上下车，以确保安全。下车后，不要从车前或车后突然跑出。

2 先下后上，注意过往车辆

乘车人在上、下车前，要注意观察行走路线两侧的车辆、行人。车辆停稳后，先下后上，有序乘车。

3 乘车人不要有妨碍驾驶人安全驾驶的动作和言辞

4 乘坐摩托车时应当在驾驶人后座正向骑坐，不要反坐或侧坐

5 未满 10 周岁儿童应当乘坐汽车后排座椅，未满 4 周岁儿童应当使用儿童安全座椅

6 开车门时，应当用远离车门一侧的手开门，并转头查看侧后方情况

1. 乘车须知

安全乘车

乘车前请记住以下几点：

乘车前“三不要”

（1）不要在机动车道上拦乘车辆，不要在妨碍交通的地点上下车。

（2）不要乘坐无牌无证、报废、非法营运等车辆。

（3）不要携带汽油、酒精、爆竹等易燃、易爆危险物品候车和搭乘车辆，以免产生公共危险。

在乘坐机动车时，副驾驶座位上的乘车人要按规定系好安全带，不要中途解开。私家车后座如装有安全带，其他乘车人也应佩戴。怀孕的女士乘车，同样应系好安全带，如遇颠簸、碰撞可减轻孕妇及胎儿的意外损伤。

关于生命别当摆设

在交通事故中，
后排乘客受伤和死亡的概率
并不比前排乘客低。
作为乘客，不要心存侥幸，
只要车辆是在行驶的过程中，
都应系好安全带；
作为驾驶人，
也有义务要求乘客系好安全带！

车辆行驶中，不要将身体的任何部分伸出车外，尤其注意不要让孩子钻出车窗或天窗，更不得有跳车等危险行为。

乘车人不要催促驾驶人开快车，保持适当车速才能保证行驶安全。

乘车人不可触摸车上的控制器，不得有抢夺方向盘、变速杆等装置，殴打、拉拽驾驶人或其他妨碍安全驾驶的行为。

乘车人不要在行驶的车厢内蹦跳、打闹，以防摔倒。

如果他人正在进行妨害安全驾驶的违法犯罪行为，乘车人有权采取措施予以制止。

《关于依法惩治妨害公共交通工具安全驾驶违法犯罪行为的指导意见》规定

（一）乘客在公共交通工具行驶过程中，抢夺方向盘、变速杆等操纵装置，殴打、拉拽驾驶人员，或者有其他妨害安全驾驶行为，危害公共安全，尚未造成严重后果的，依照刑法第一百一十四条的规定，以以危险方法危害公共安全罪定罪处罚；致人重伤、死亡或者使公私财产遭受重大损失的，依照刑法第一百一十五条第一款的规定，以以危险方法危害公共安全罪定罪处罚。

（二）乘客在公共交通工具行驶过程中，随意殴打其他乘客，追逐、辱骂他人，或者起哄闹事，妨害公共交通工具运营秩序，符合刑法第二百九十三条规定的，以寻衅滋事罪定罪处罚；妨害公共交通工具安全行驶，危害公共安全的，依照刑法第一百一十四条、第一百一十五条第一款的规定，以以危险方法危害公共安全罪定罪处罚。

上下车时要等车辆完全停稳，以防被车辆带倒或者使驾驶人措手不及。开关车门时不得妨碍其他车辆和行人通行。

到站时不要急于下车，应注意观察车辆后方，确保没有其他车辆或行人后，方可下车。下车后如需横过道路，应注意观察，并从车辆后方绕行。

遇到车辆碰撞时的自我保护方法

如果能提前一瞬间发现险情，就要紧握面前的扶手、椅背，同时两腿微弯，用力向前蹬地。这样即使身体受到碰撞，由于双手可以向前用力，撞击力会消耗在手腕和双腿之间，缓解身体前冲的速度，从而减轻伤害。

如果车祸发生得十分突然，来不及做缓冲动作，坐在前排的人要抱头迅速滑下座位，以防头部由于惯性冲向挡风玻璃；后排的人要迅速抱住头部，并将身体缩成球形，这样可以有效地减少头部、胸部受到的撞击。

假如车辆发生翻倒或翻滚，双手要紧紧抓住座位，双脚抵住车厢。车辆被撞损后往往会起火甚至发生爆炸，因此要尽快逃离车辆，必要时要用脚、肘甚至裹着衣物的拳头撞击车窗玻璃逃生。

如果发生火灾，千万不要惊慌失措，应在可能的情况下积极帮助灭火，并立即设法尽快离开车辆。

文明乘车

文明乘车要求乘车人不仅要遵守交通法规，还要严守个人道德和公共道德的底线。关于文明乘车，请注意以下细节：

文明乘车须知

(1)乘车时应把行李放在行李架上或靠边摆放，不要占用其他乘客的座位，尽量不要妨碍他人通行。

(2)乘车时不要向车外抛洒、投掷物品。

(3)请将爱心专座留给需要的人，主动给老、弱、病、残、孕、怀抱婴儿以及行动不便的乘客让座和提供方便。

(4)乘坐有席别和坐号的公共交通工具时，请对号入座，如需要调换座位，要征得对方同意。

(5)公共交通工具的车厢相对密封，空气流通性较差，不宜携带或食用带有刺激性气味的物品、食品。

(6)公共交通工具车厢是公共场所，乘车人应轻言细语，不要大声喧哗，使用电子设备时不要外放声音。

(7)带婴幼儿出行的乘客，要尽量安顿、安抚好孩子，不要任孩子大声喧哗或哭闹，以免打扰其他乘客。

2. 乘坐公交车

候车

分道通行须知

(1)请在站台安全线外或指定地点排队候车，不要紧临路边站立，不要阻塞人行道，更不要站到道路上。

(2)如车站设有排队栏杆，应在栏杆内排队候车。

(3)遇到车辆过于拥挤的情形，尽量等候下一班车。

上下车

文明上下车须知

(1)乘坐公交车时，注意前门上车后门下车。

(2)乘坐公交或地铁时，如果只有一个共同出入口，应注意先下后上，不要拥挤和推搡。

(3)上车时应将包袋置于胸前，不仅可以有效防盗，也能避免包袋被挤掉或被车门夹住。

(4)下车时应提前排好队，按次序逐次下车，以免发生踩踏。

乘车

在车内站立时，要紧握适当的扶手，扶牢站稳，以免车辆晃动、启停时发生倾倒。

如果发现有人将危险化学品或其他有安全隐患的物品带上车，应立即告知驾驶人或随车服务人员，以防不测。

发生突发事件需要疏散时，要服从驾驶人或工作人员的指挥和引导、有序疏散。车门无法正常打开时，应取下逃生锤或其他硬物用力敲击玻璃窗四个角的任意一角，破窗逃离。

3. 乘坐出租车

不要乘坐非正规的出租车或没有客运资质的车辆。

等候出租车时，应在指定出租车上客点候车；如果没有指定上客点，应选择在道路右侧出租车可以停靠且不妨碍交通的区域候车，不要站在机动车道上等候、拦截车辆。

开关车门时应注意前后左右观察，不要妨碍其他车辆、行人通行。

上车后，应提前将目的地告知驾驶人，如要在中途下车，应预早通知驾驶人，使其留出安全停车时间。要待车辆停稳后，再下车。下车时，最好用左手开右侧车门，仔细观察右后方，无车辆驶近或行人走近时方可开门。

安全开门方法——荷式开门法

“荷式开门法”，即开车门时，用距车门较远的那只手开。简单来说，也就是乘车人下车时尽量用左手开右侧车门，这样上半身会惯性地转动，头部和肩膀也就自然转动，在转动的过程中，眼睛也会自然而然地往外和往后看。这个完整的动作能更好地看到车后是否有行人或者车辆，进而避免很多不必要的事故。相反，用距车门较近的手开门，若没特别注意后方状况，乘车人会很自然地将车门直接推向外，来不及观察后方情况。

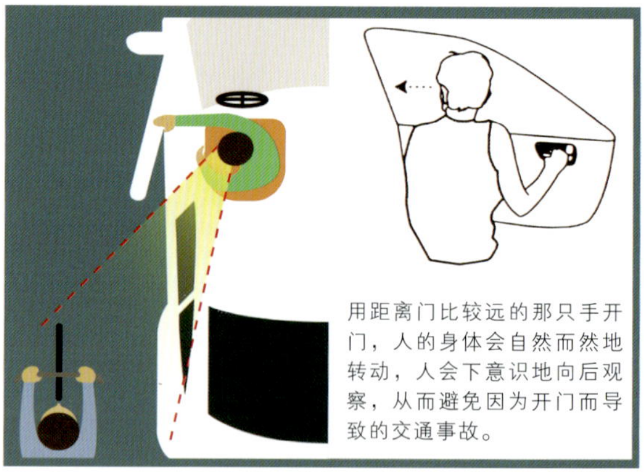

用距离门比较远的那只手开门，人的身体会自然而然地转动，人会下意识地向后观察，从而避免因为开门而导致的交通事故。

记住以下几点建议，关键时刻也许可以帮助到乘车人：

3 条乘坐出租车的建议

（1）记住出租车的车牌号码，并于下车前索要发票。

（2）独自乘坐出租车时，应优先选择后排座位。出租车前、后排座位间往往设有栏杆，如果发生意外，坐在前排只有一侧可以开门，但坐在后排就有两侧开门的机会，增加了逃生希望。

（3）夜间乘坐出租车时，应把驾驶人和出租车的相关信息通过手机发给亲友。网约车软件中大多都有“分享行程”功能，乘坐网约车时可以将行程分享给亲友。

4. 乘坐私家车

私家车应保持车内整洁有序，不要放置、堆积大量杂物，尤其是尖锐、硬质的物品，不要遮挡驾驶人后方视线。

乘坐私家车时，不要过度分散驾驶人的注意力，更不要有导致驾驶人情绪剧烈波动的行为、言辞。

未成年和儿童乘车须知

（1）未满 10 周岁的未成年人应坐后排座椅。

（2）未满 4 周岁的儿童应使用与其体重、身高相匹配的安全座椅，并确保将其扣紧在儿童安全座椅内，安全座椅由安全带稳固扣定在车内。

5. 乘坐摩托车

乘坐摩托车须知

(1)乘坐人应佩戴安全头盔。

(2)乘坐人应在驾驶人后座正向骑坐,不能反坐或侧坐。骑坐时应扶住驾驶人或抓紧扶手,踩稳踏板。

(3)轻便摩托车不能载人。摩托车后座只能附载一人,且不能附载不满 12 周岁的未成年人。除后座外,摩托车的其他任何部位都不准载人。

七 应急救援篇

居安思危，思则有备，有备无患，敢以此规。

——《左传 · 襄公十一年》

1. 紧急情况处置

基本原则

驾驶人遇到紧急情况时，应遵循先避人后避物、先稳方向后制动的原则。

爆胎

车辆发生爆胎时，会发出一声巨响，并立即向爆胎方向转向。此时不要慌乱，握紧方向盘使车辆保持在原车道，以避免与邻近车道的车辆或护栏发生刮擦、碰撞。

驾驶过程中如发现爆胎，应按照以下方法和步骤进行操作：

驾驶时爆胎的处置方法
（1）握稳方向盘，控制好行驶方向。 （2）抬起加速踏板，利用发动机牵阻自然降速，不得紧急制动，采用“点刹”的方式进行刹车。 （3）开启右转向灯，在确保安全的前提下靠路边停车。 （4）开启危险报警闪光灯，在车辆后方安全位置放置警告标志。

制动失效

在驾驶过程中，车辆依靠行车制动装置来减速或停车，车辆制动失效一般在实际操作中才能发现，一旦出现就是紧急情况。此时需要保持冷静，采取必要的应急措施，最大限度地减小或化解事故风险。

车辆发生制动失效后，一般按照以下方法和步骤进行操作：

制动失效的处置方法
（1）握稳方向盘，控制好行驶方向。 （2）手动挡车辆应视情况抢挂低一级挡位，间断缓拉驻车制动器操纵杆进行减速，不可将操纵杆一次性拉紧或用力过猛；自动挡车辆应抬起加速踏板，间断缓拉驻车制动器或按下电子驻车。 （3）开启右转向灯，在确保安全的前提下靠路边停车。 （4）车辆无法移动或影响安全的，开启危险报警闪光灯，在车辆后方安全位置放置警告标志。

需要注意的是，踩刹车时如感到踏板突然变得沉重、发硬，通常不是真正意义上的刹车失灵，而可能是刹车助力系统出现故障，此时重踩踏板仍可能会有制动效果。

驾驶车辆在长下坡路发生制动失效时,除按照上述方法、步骤进行减速制动外,还应注意以下特殊要求:

长下坡路发生制动失效时的处置方法

(1)应立即寻找并使用紧急避险车道,若无紧急避险车道,可利用车辆前保险杠侧面刮蹭山坡、护栏、树木等迫使车辆停住。

(2)停车后,应拉紧驻车制动器或按下电子驻车,防止溜车。

转向失控

在驾驶过程中,车辆转向机构突然失去控制时,将导致方向盘不能及时响应或完全不起作用,后果极其危险。此时需要保持沉着冷静,在采取制动措施的同时,开启危险报警闪光灯、鸣喇叭,以提醒其他车辆或行人注意避让。

驾驶过程中遇到转向失控时,一般按以下方法和步骤进行操作:

转向失控的处置方法

(1)车辆仍能保持直线行驶,且前方道路情况允许保持直线行驶时,应轻踩制动踏板或轻拉驻车制动器,逐渐降低车速,平稳停车。

(2)车辆已经偏离直线行驶,且事故将无法避免时,应采取紧急制动,极力缩短停车距离,提高挽回安全局面的可能性。

发动机熄火

在驾驶过程中,发动机突然熄火时,由于惯性作用,车辆不会立刻停下来,此时不要慌乱,应按照以下方法和步骤进行操作:

发动机熄火的处置方法

(1)应开启右转向灯,观察侧后方情况,在确保安全的前提下,借助车辆的惯性速度靠路边停车。

(2)开启危险报警闪光灯,在车辆后方安全位置放置警告标志。

(3)检查熄火原因、排除熄火故障;涉水行车导致发动机熄火时,应查明熄火原因、解除故障后再行启动发动机。

车辆起火

在车内吸烟、电线短路、撞车、翻车等因素都有可能诱发车辆火灾。当车辆发生火灾时，切不可惊慌失措，应迅速掌握失火部位及起火原因，果断采取措施，降低因火灾造成的人员伤亡和财产损失。

驾驶过程中遇到车辆起火时，应按照以下方法和步骤进行操作：

车辆起火的处置方法

（1）当车辆起火时，驾驶人应立即安全停车：行车发生火灾时，应将车辆停靠在路肩上并尽可能地远离加油站、停车场、高压电线、树木、灌木或有其他易燃物品的道路，最好将车开到空旷地带。当车辆在隧道失火时，应迅速将其驶出，以免毁坏设施造成交通中断。

（2）防止火势蔓延并及时撤出：驾驶人在撤离前，应关闭点火开关、电源开关，并迅速撤离车厢。若无法打开驾驶室门或车门，应破窗逃脱。当火焰无法躲避时，应脱去尼龙等化纤类衣服，并用身体猛压火焰冲出，冲出时，不要张嘴呼吸或高声呼喊。

（3）逃离后及时报警等待救援。

请随车配备灭火器等车辆装备，确保其在有效期内，并掌握使用方法。

需要注意的是，若是因翻车、撞车等车祸引起的火灾，应首先抢救伤员；救火时，若不知道用什么方法灭火，尤其是易燃危险品着火时，应求助专业人员或等待消防队灭火，切不可自行盲目灭火；救火时，不要张嘴呼吸或高声呐喊；如果火势失控，驾乘人员应至少撤离到50米以外。

车辆落水

如果遇到车辆落水，应采取以下措施：

车辆落水的处置方法

（1）应立即打开车门或车（天）窗，如有电子锁，优先开启电子锁，以防失灵。

（2）沉入水中时，解开安全带，移至未被淹水区域，以保证足够的空气。

（3）当车内外压力基本相同，车内水位不再上升时，迅速从车门或车（天）窗处逃生。

（4）当车门和车（天）窗无法打开时，应利用安全锤、安全头枕等尖锐物品击碎车窗或天窗逃生。

需要注意的是，车辆入水首先要考虑自救，一旦不幸遭遇车辆落水事故，可能只有不到两分钟的黄金逃生时间。

车轮侧滑

在冰雪或泥泞等湿滑道路上遇到车轮侧滑时,应及时松开制动踏板,适当向侧滑方向转动方向盘,及时修正方向,确保车辆直线行驶。

2. 临时安全处置

警示后方来车

为防止二次伤害,车辆在道路上发生紧急情况(车辆起火、车辆落水、车轮侧滑除外)或事故后,车辆还能移动的,要移动至应急车道,开启危险报警闪光灯;车辆损毁严重不能移动的,就地开启危险报警闪光灯,并在来车方向设置红色三角警告牌等扩大示警距离。如有需要,应打开其他车灯(后位灯、示廓灯、雾灯等),或用其他方法警告驶近的车辆。

撤离到安全地点

车内乘员请迅速撤离到安全地点,确保所有儿童受到看管,并报警求助。切勿站在车前或试图在路上检修车辆。

在夜间或能见度低时,车上人员不可站在故障车后方,以免遮挡车尾灯。

3. 人员救助

如有人员受伤,首先要照顾昏迷的伤者。除非有紧急的危险(如发生火灾等),否则不要移动伤者,因为这可能进一步加深对他的伤害。如果必须移动伤者,要把他移至就近的安全地点,切勿移动他的颈部。若不知道怎样急救,不要尝试急救。如伤者呼吸停止或大量出血,应该尝试急救。

尝试急救

如何尝试急救?

(1)扶起伤者的头部,以防他昏迷或窒息。

(2)把伤者口腔内的所有食物、渣滓、流质东西或假牙除去。

(3)如伤者口鼻出血,应把他轻轻推至侧卧。

(4)查看伤者是否仍有呼吸,感觉或静听他的心脏是否仍在跳动。

(5)如发现伤者停止呼吸,应进行人工呼吸。

制止大量出血

如何制止大量出血?

(1)如有橡胶手套,先戴上。

(2)再用手紧压伤者出血的地方,阻止血液流出。

(3)用纱布或消毒敷料敷着伤口,再用绷带把伤口包扎好。

照顾清醒和有呼吸的伤者

如何照顾清醒和有呼吸的伤者?

(1)轻搀扶伤者,适当调整他的姿势,使其伤痛减轻。

(2)如无必要,切勿移动伤者。

(3)如果伤者受惊(面色苍白和流汗),但没有受伤,或内脏未受损,应尽量让他卧下,把他的双脚提高。

(4)必须让所有伤者包括受惊者保持温暖。不要让他们服用止痛药、饮酒或吸烟,因为他们可能内脏受伤,需要接受治疗。

(5)安慰伤者,告诉他们即将有救援人员抵达,以减轻他们的焦虑。

(6)查看伤者是否骨折或有不易察觉的伤处。

请在车内常备急救箱

最好在车上储备有清晰标志的急救箱。急救箱应放在容易拿得到的地方,例如车辆前座的储物箱。

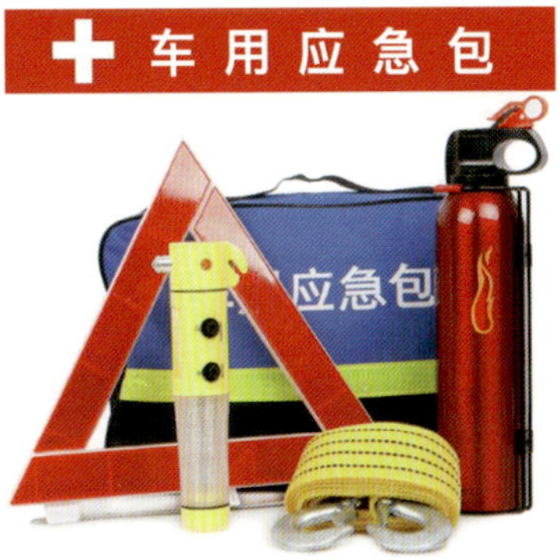

八 事故处理篇

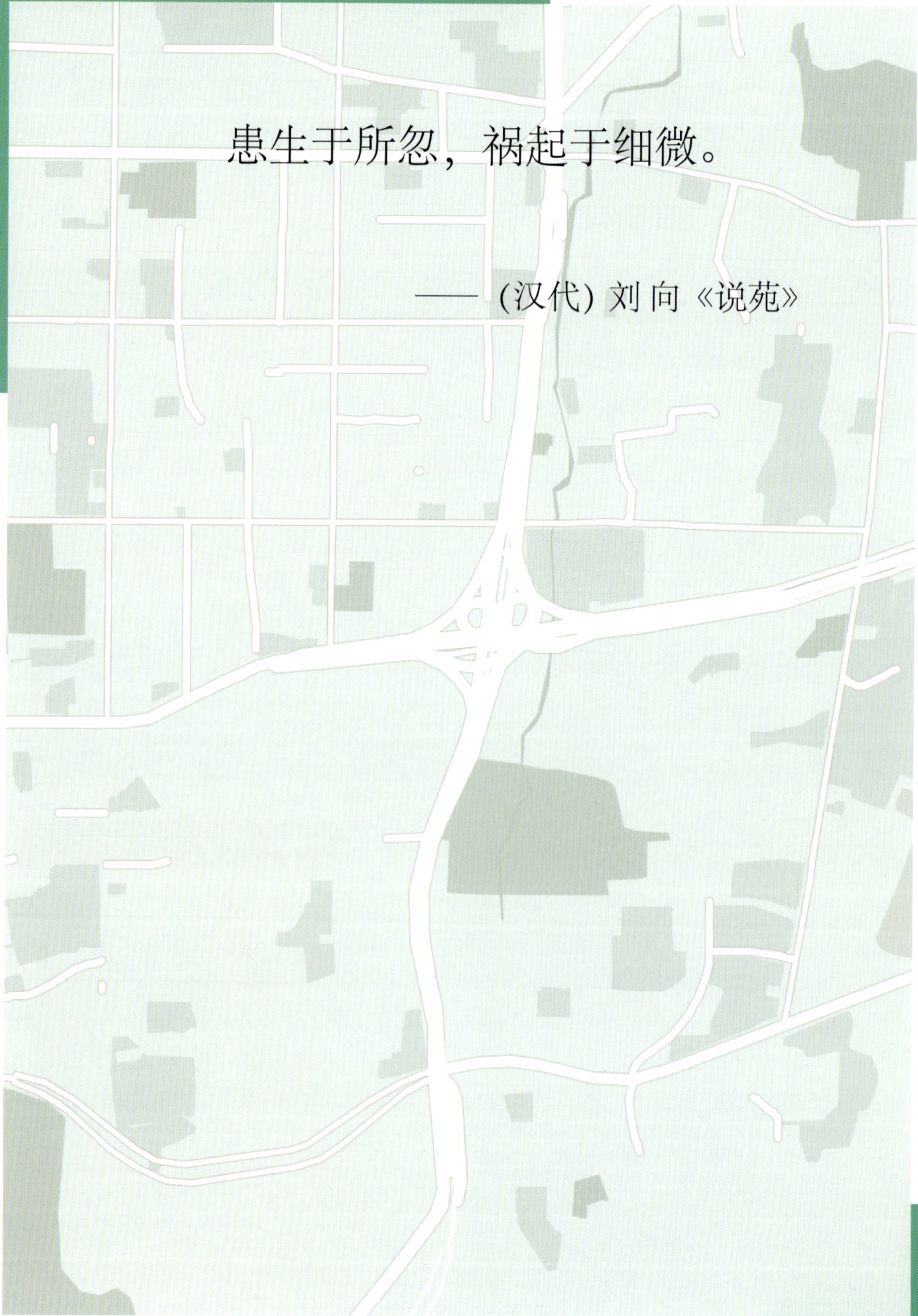

患生于所忽，祸起于细微。

——（汉代）刘向《说苑》

1. 轻微财产损失事故处理

对于机动车发生的没有人员伤亡、仅造成轻微财产损失（单车车物损失在 5 000 元以下）且车辆可以移动的轻微道路交通事故，可通过以下事故快处快赔流程进行处理。事故快处快赔包括交通事故互联网在线快处快赔和交通事故保险理赔服务中心快处快赔两种方式，当事人可视具体情况加以选择。

需要强调的是，为防止出现“小事故大拥堵”的交通问题，切实提升城市品质和通行效率，目前济南市在规定区域、规定时段（7:00—20:00）发生轻微道路交通事故的，公安机关交通管理部门和保险公司将不到事故现场进行勘查。规定区域是指凤凰路（含）以西、西绕城高速以东、二环南路（含）以北、二环北路（含）以南的区域。在规定区域、规定时段以外发生轻微道路交通事故的，当事人应自行协商或报警等候处理。

交通事故互联网在线快处快赔

发生轻微道路交通事故后，当事人可以拍照后快速撤除现场，通过手机上安装的移动终端 APP（“交管 12123”“泉城行+”）或济南交警微信公众号，上传事故信息，在线自行协商处理；自行协商不成的，还可以在线申请公安机关交通管理部门定责、定损、理赔。

如何拍摄交通事故现场照片？

如下图所示，应在机动车行驶方向的前方、后方，以及接触部位至少各拍摄一张事故现场照片，但照片总数不得超过 6 张，其他事故现场照片可以留存备查。照片应能够清晰辨别机动车类型、号牌号码、事故形态、周围参照物、道路标志标线、机动车接触部位、外表受损情况等信息。

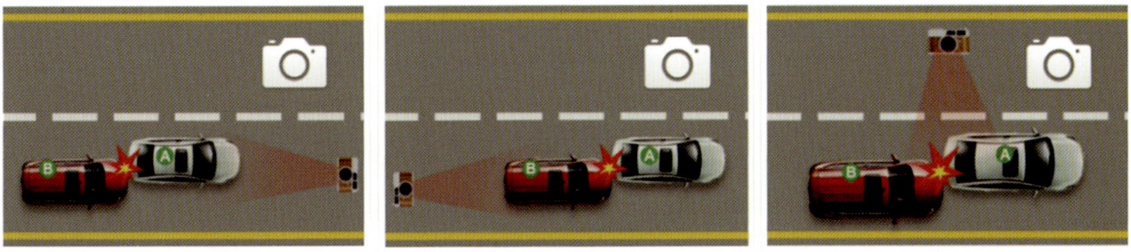

前方　　　　后方　　　　碰撞部位

在线快速处理道路交通事故时的注意事项：

对事故现场进行拍照时，应确保自身安全。拍摄事故现场照片后应立即撤离现场，将车辆移至不妨碍交通的地点，因不撤离而造成交通堵塞的会受到相应的行政处罚。

上传的事故信息和照片应清晰、真实、有效，上传虚假信息和照片的应承担相应的法律责任。

交通事故保险理赔服务中心快处快赔

发生轻微道路交通事故后,当事人可以按照以下程序进行理赔:

理赔服务中心快处快赔的方法

(1)拨打122报警电话。

(2)对现场拍照。因条件限制无法拍照的,撤离现场后可以以文字记录方式记载事故情况。

(3)立即将车辆移至不妨碍交通的地点,互验并可互拍驾驶证、行驶证及参保情况、接触部位,互留联系方式。轻微交通事故发生在高架路上的,当事人应将车辆撤离至下桥口附近的平面交通上不妨碍交通的安全地点;发生在隧道里的,当事人应将车辆撤离至隧道口安全距离以外不妨碍交通的安全地点。

(4)协商或约定在两个工作日内共同到就近的快处快赔拆检定损中心、快处快赔服务点办理理赔手续。

理赔服务中心快处快赔处理道路交通事故时的注意事项:

对事故现场进行拍照时,应确保自身安全。拍摄事故现场照片后应立即撤离现场,将车辆移至不妨碍交通的地点,因不撤离而造成交通堵塞的会受到相应的行政处罚。

双方撤离现场后其中一方当事人不按约定配合处理,另一方当事人可以通过拨打 122 报警电话,转由公安机关交通管理部门立案处理。

因一方当事人逃逸或撤离现场后不按约定配合处理的,受害方的车物损失由其投保的保险公司按规定先行赔付,办理代位求偿手续,并依法追偿。

2. 轻微人身损害事故处理

对于在本市境内发生的道路交通事故,事故责任主体一方为机动车,且该机动车投保了交强险,事故中仅涉及轻微人身损害的交通事故,可通过轻微人身损害道路交通事故快处快赔程序进行处理。

轻微人身损害道路交通事故快处快赔的方法

(1)拨打122报警电话。

(2)交通事故轻微人身损害保险理赔快处工作室(以下简称“工作室”)人员赶赴现场进行查勘取证。

(3)取证后,将车辆移至不妨碍交通的地点。

(4)道路交通事故赔偿限额在 2 000 元(含)以内的(包含医疗费、误工费等各项赔偿费用),统一由工作室人员调解处理;超过 2 000 元且不足 5 000 元(含)的;根据事故双方当事人的意愿,也可由工作室与相应保险公司协商处理。

轻微人身损害包括两种类型：受伤者伤情轻微，正常活动不受影响或轻微受限，自愿放弃去医院就诊的；受伤者到医院就诊后无须复诊，或自愿放弃复查同意调解处理的。

3. 人身伤亡事故处理

发生人员伤亡道路交通事故后，应按以下程序处理：

处理人身伤亡道路交通事故的方法

（1）立即拨打122、120电话。

（2）警示其他车辆。开启危险报警闪光灯，并采取在来车方向适当的地点放置红色三角警告牌等措施扩大示警距离。如有需要，应打开其他车灯（雾灯、示廓灯等），或用其他方法警示驶近的车辆。

（3）人员疏散与救助。驾驶人必须在确保安全的原则下，立即将车上未受伤人员疏散到路外安全地点，避免发生次生事故。发生人员伤亡时，应立即组织救助，除非伤者有即时的危险，否则切勿移动伤者。因抢救伤员需变动现场的，应标明位置。驾驶人已因道路交通事故死亡或者受伤无法行动的，车上其他人员应自行组织疏散。

（4）保护现场。故意破坏、伪造现场、毁灭证据的，将依法承担责任。

（5）防火措施

① 禁止吸烟。

② 关掉车辆引擎。

③ 清除其他可能引起火警的危险。

附 录

1. 安全知识

机动车盲区

机动车盲区指驾驶人在驾驶时观察不到的地方。

(1)前盲区

引擎盖前方看不到的地方,称为前盲区。前盲区的形成与车身的高度、座椅的高度、车头的长度、驾驶人的身材等都有关系。

▲ 前盲区

(2)AB 柱盲区

A 柱在发动机舱和驾驶舱之间,左右后视镜的上方。B 柱在驾驶舱的前座和后座之间,从车顶延伸到车底部。

AB 柱盲区	
A 柱盲区	既要保持 A 柱的刚度,又要减少对驾驶人的视线遮挡程度,这个矛盾在设计中很难达到平衡,因此出现视野盲区也是不可避免的。
B 柱盲区	当车辆在行驶中,需要大角度转弯时,B 柱会遮挡视线,有可能与侧后方正常行驶的车辆发生碰撞。

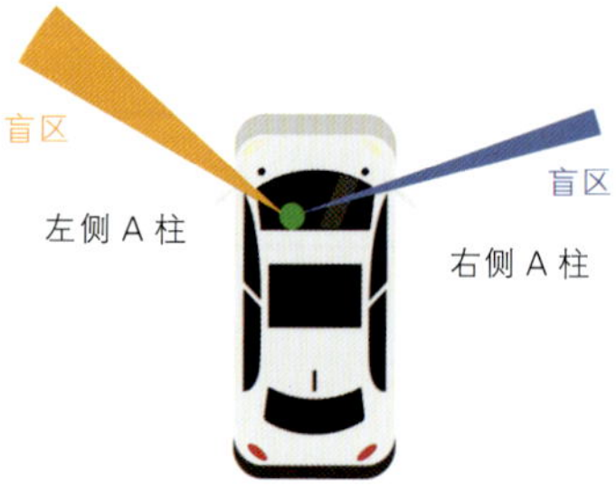

▲ A 柱盲区

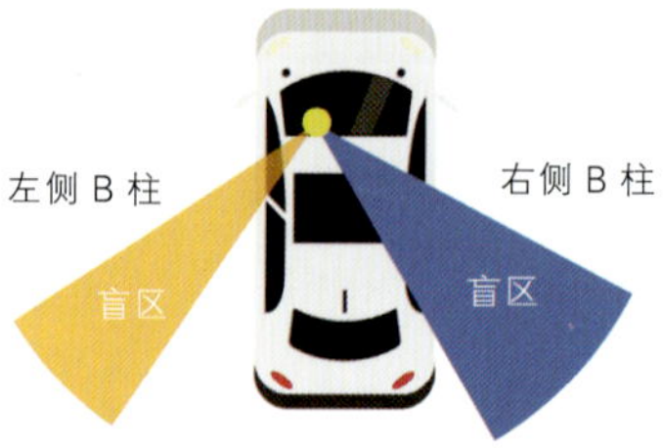

▲ B 柱盲区

(3)后视镜盲区

如下图所示,虚线范围以外就是后视镜盲区,C 车驾驶人能从后视镜看到 B 车,却看不到 A 车。

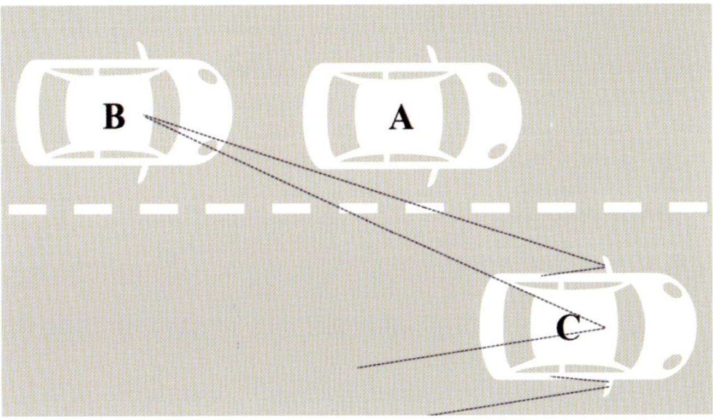

▲ 后视镜盲区

(4)尾部盲区

车辆尾部至地面之间看不见的区域为尾部盲区，倒车时要格外注意。

▲ 尾部盲区

大型车辆内轮差

内轮差是车辆转弯时内侧前轮转弯半径与内侧后轮转弯半径之差。由于内轮差的存在，车辆转弯时，前、后车轮的运动轨迹不重合。车身越长，形成的“轮差”就越大，同时由于大型车辆的“视觉盲区”，在行车中如果只注意前轮，就可能出现大型车辆的前部虽已通过，但后部却撞到障碍物、非机动车、行人的危险情况。

此外，驾车向右转弯时，若遇对向驶来的大型车辆向左转弯，如果两辆车的车头会车时距离较近，由于内轮差的作用，大型车辆的中后段会更加靠近你驾驶的车辆，导致刮蹭、碰撞甚至碾压事故的发生。

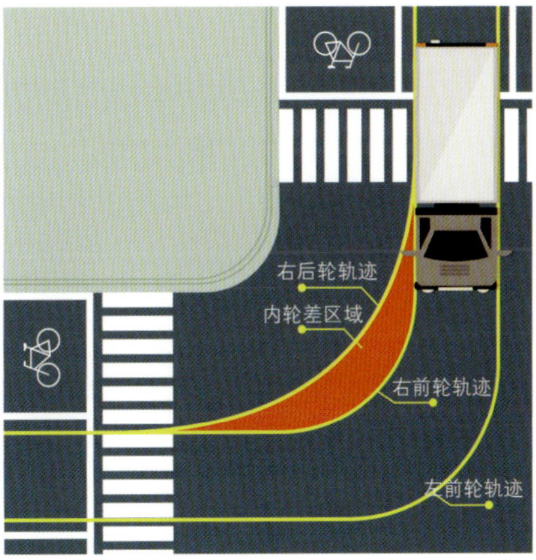

▲ 内轮差示意图

车辆安全防护装备

(1)骑行安全防护装备

骑行时为了安全起见，有必要戴上安全装备。为了保护头部可以戴上头盔，必要时建议穿戴护膝护肘装备；如果是长时间骑行，建议戴上护目镜保护眼睛。

▲ 骑行安全防护装备

此外,自行车安全装备还包括车前灯、骑行手套、反光骑行服等。

(2)机动车安全防护装备

所有驾驶人座椅、前排乘员座椅(货车前排乘员座椅的中间位置及设有乘客站立区的公共汽车除外)、客车位于踏步区的车组人员座椅以及乘用车除第二排及第二排以后的中间位置座椅外的所有座椅,一般配备有汽车安全带。

汽车安全带应可靠有效,安装位置应合理,固定点应有足够的强度。定期检查和保养安全带,驾驶时使用安全带,在紧急时刻将起到至关重要的作用。

汽车(无驾驶室的三轮汽车除外)应装备符合国家标准的红色三角警告牌,红色三角警告牌在车上应妥善放置。

乘用车、专用校车的前风窗玻璃装有除雾、除霜装置,驾驶人在寒冷天气要充分利用这些装置。

汽车应随车配备安全锤、灭火器等安全保险装置。使用安全锤时,应敲击车窗玻璃的四角。

当路面有冰雪覆盖时,应尽量使用防滑链。

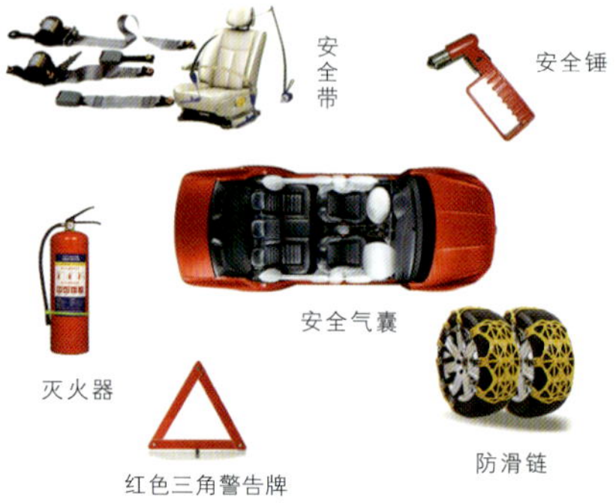

▲ 机动车安全防护装备

2. 道路语言

道路语言包括交通安全标志、标线及交警手势等内容。其中,道路交通安全标志主要包含警告标志、禁令标志、指示标志、指路标志、道路施工安全标志等;交通安全标线主要包含交通禁止标线、交通指示标线、交通警告标线等。

交通警告标志

警告标志是指警告车辆、行人注意危险地点的标志。警告标志的颜色为黄底、黑边、黑图案,形状为等边三角形,顶角向上。驾驶人见到警告标志后,应引起注意,谨慎驾驶、减速慢行。

▲ 左侧车道结束

▲ 此路不通

▲ 注意潮汐车道

▲ 注意前方校车停靠

▲ 向左急弯路

▲ 反向弯路

▲ 连续弯路

▲ 上陡坡

▲ 两侧变窄

▲ 右侧变窄

▲ 窄桥

▲ 右侧绕行

▲ 易滑

▲ 傍山险路

▲ 村庄

▲ 隧道

▲ 施工

▲ 左右绕行

▲ 事故易发路段

▲ 注意危险

交通禁令标志

禁令标志是对车辆加以禁止或限制的标志。禁令标志的颜色，除个别标志外，为白底、红圈、红杠、黑图案。图案压杠。禁令标志的形状为圆形、八角形、顶角向下的等边三角形。

▲ 禁止通行

▲ 禁止驶入

▲ 除公共汽车外禁止通行

▲ 禁止机动车通行

▲ 禁止三轮机动车通行

▲ 禁止大型客车通行

▲ 禁止小型客车通行

▲ 禁止汽车拖、挂车通行

▲ 禁止车辆长时停放

▲ 禁止超车

▲ 解除禁止超车

▲ 会车让行

▲ 禁止运输危险物品车辆驶入

▲ 禁止车辆临时或长时停放

▲ 限制速度

▲ 解除限制速度

▲ 限制宽度

▲ 限制高度

▲ 限制质量

▲ 限制轴重

交通指示标志

指示标志用以指示车辆和行人按规定方向、地点行驶。指示标志的颜色为蓝底、白图案,形状分为圆形、长方形和正方形。指示标志表示只准一切车辆向左(或向右)转弯,设在车辆必须向左(或向右)转弯的路口以前的适当位置。有时间、车辆种类等特殊规定时,应用辅助标志说明或附加图案。

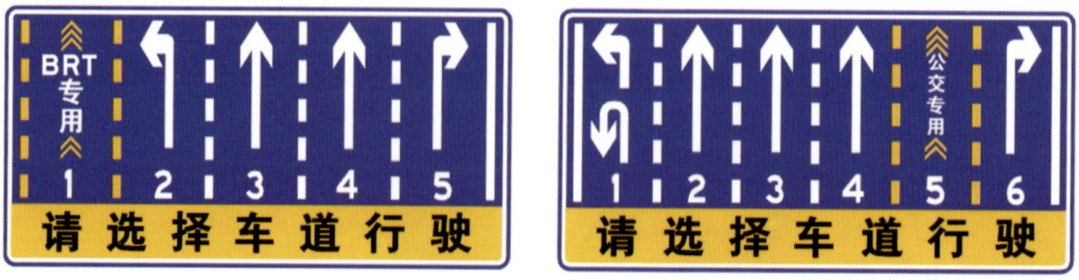

▲ 车道指示标志

▲ 非机动车、行人指引标志

▲ 立交直行和左转弯行驶

▲ 立交直行和右转弯行驶

▲ 最低限速

▲ 单行路直行

▲ 干路先行

▲ 会车先行

交通指路标志

指路标志是向道路使用者传递道路方向、地点和距离，或提供与之相交道路、著名地点、服务区等信息的标志。它能够保证道路使用者快速、畅通、准确地到达目的地，是一种正确引导交通的信息载体，是保证道路交通畅通的安全设施。

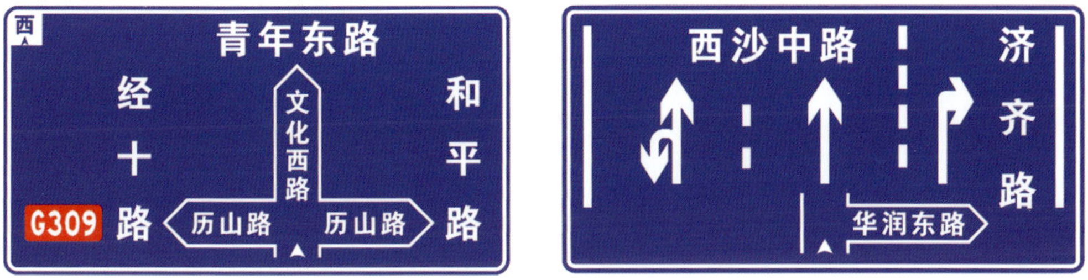

▲ 交通指路标志

▲ 两侧通行

▲ 右侧通行

道路施工安全标志

▲ 向右行驶

▲ 向右改道

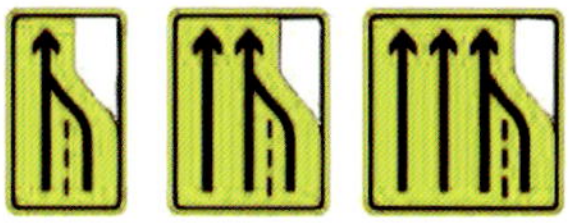

▲ 车道数变少

▲ 改道

▲ 注意旗手

▲ 道路封闭

交通禁止标线

▲ 中心黄色双实线

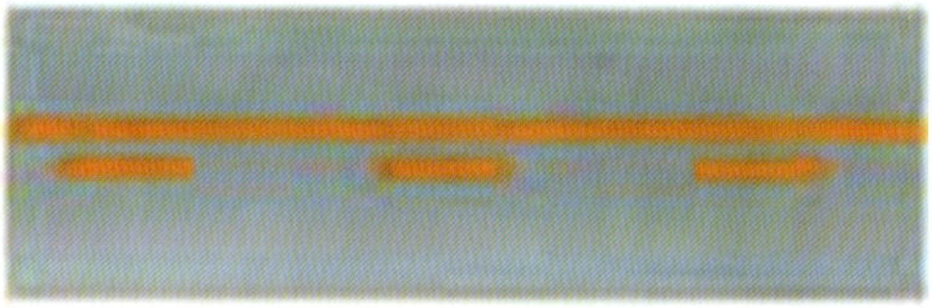

▲ 中心黄色虚实线

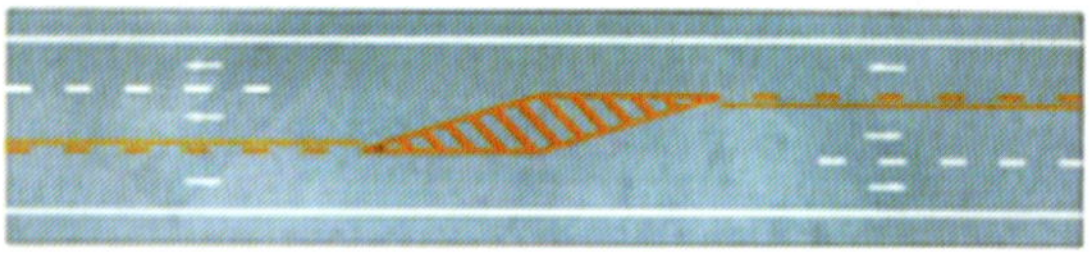

▲ 三车道标线

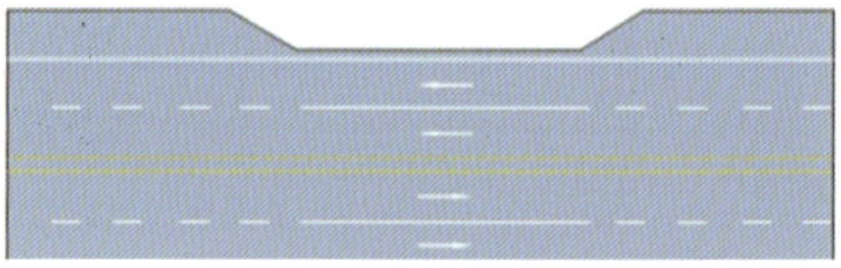

▲ 禁止变换车道线

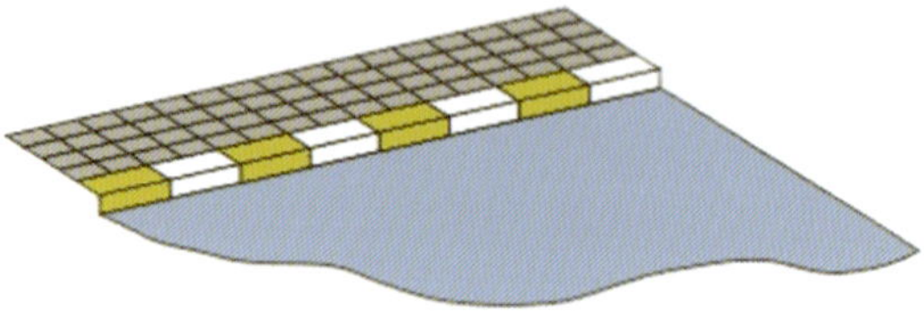

▲ 禁止路边长时停放车辆线

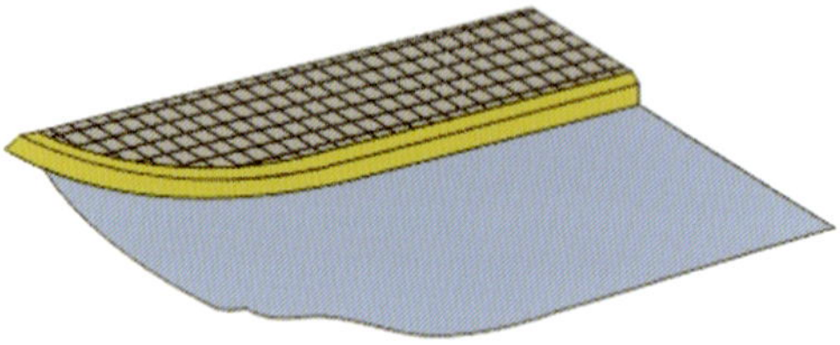

▲ 禁止路边临时或长时停放车辆线

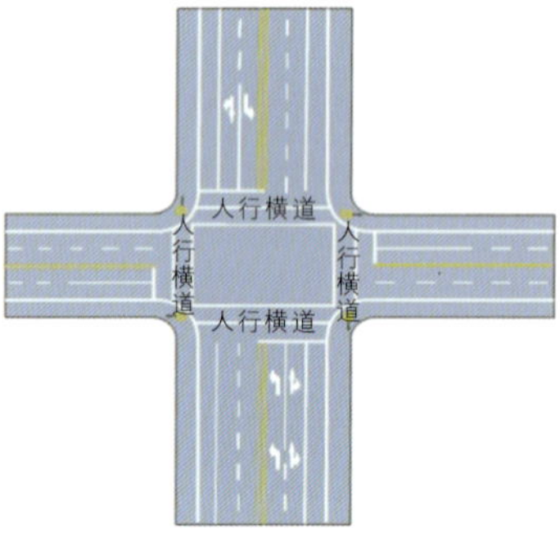

▲ 信号灯路口的停止线

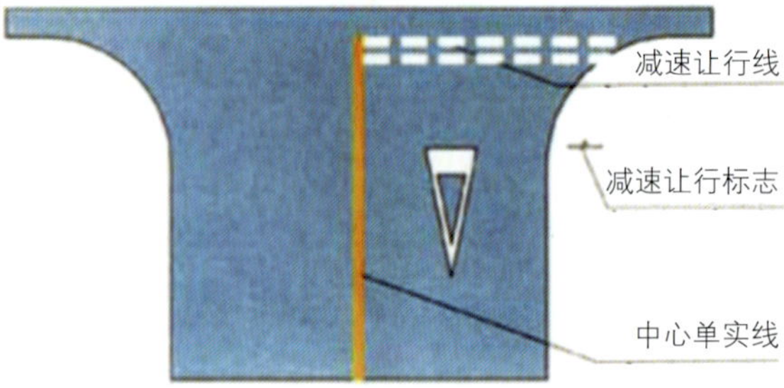

▲ 减速让行线

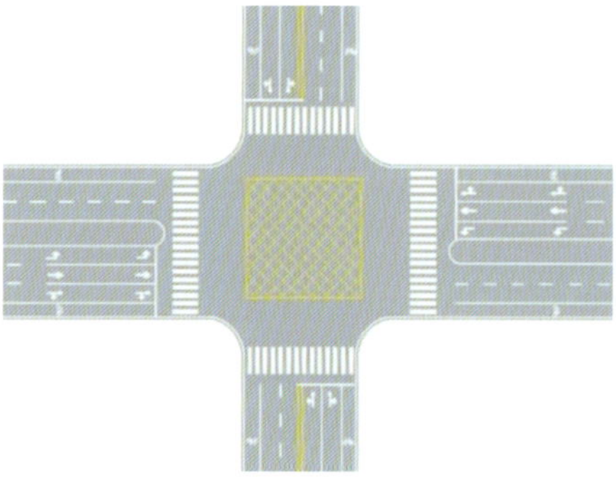

▲ 网状线

▲ 禁止掉头标线

交通指示标线

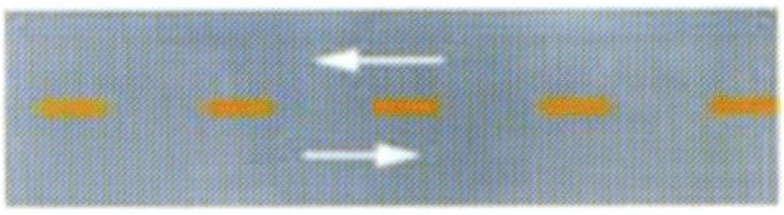

▲ 双向两车道路面中心线

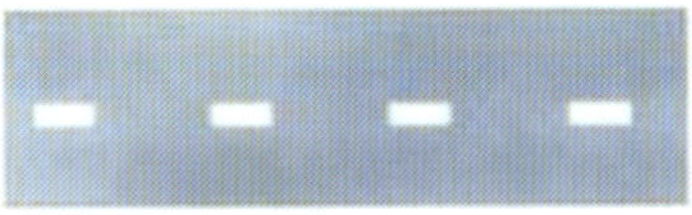

▲ 车行道分界线

▲ 人行横道(斜交)

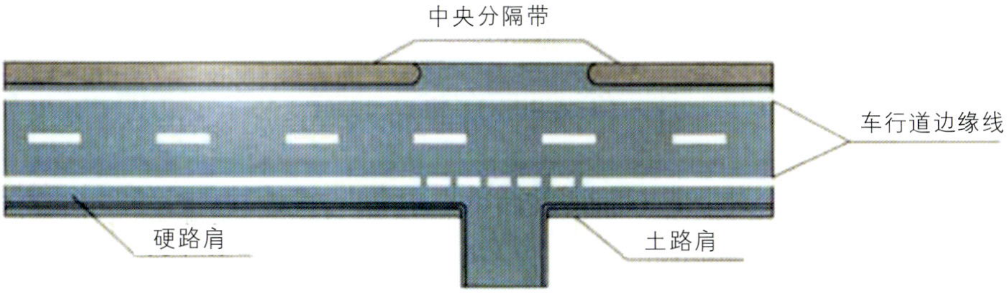

▲ 车行道边缘线

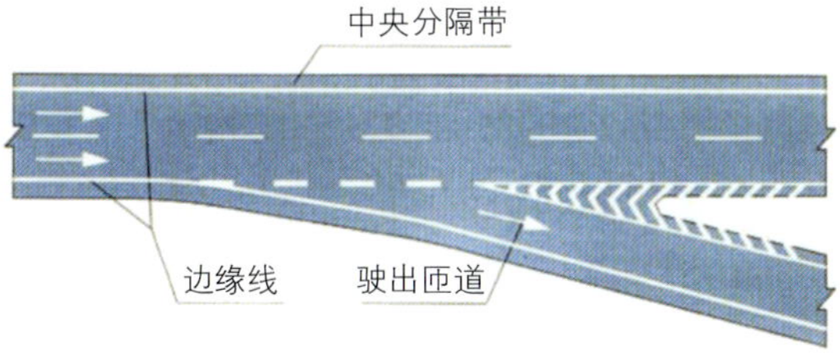

▲ 直接式出口标线

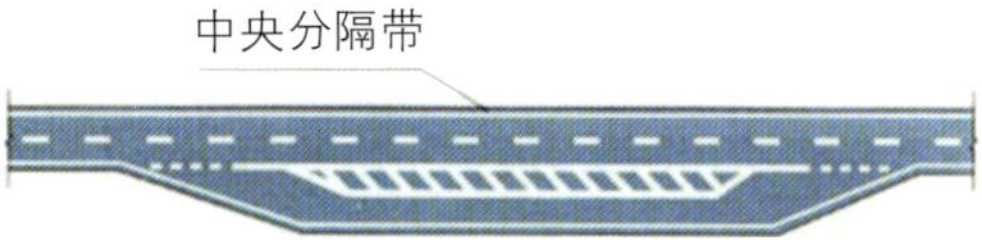

▲ 港湾式停靠站

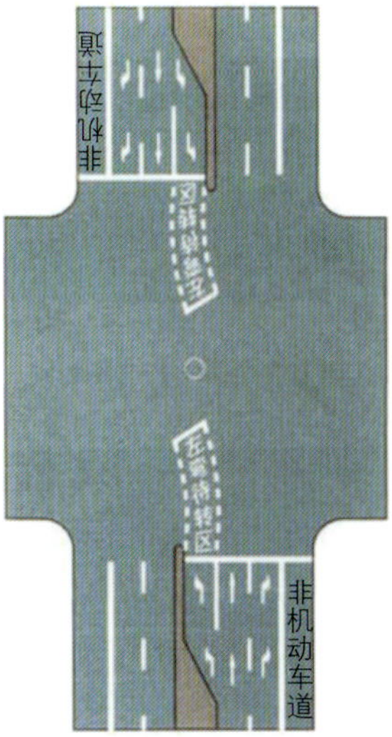

▲ 左转弯待转区线

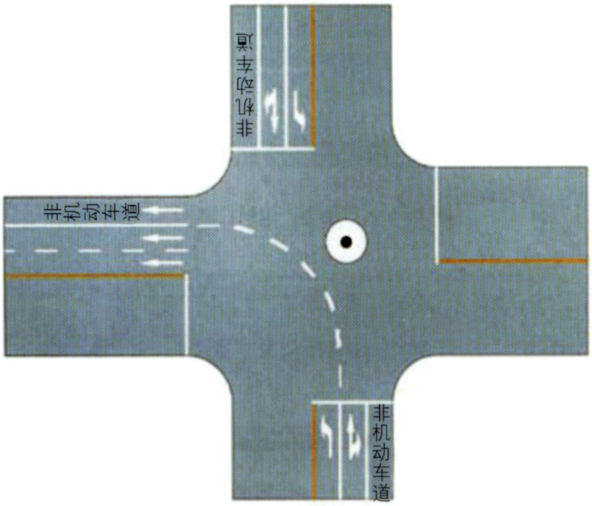

▲ 左转弯导向线

交通警告标线

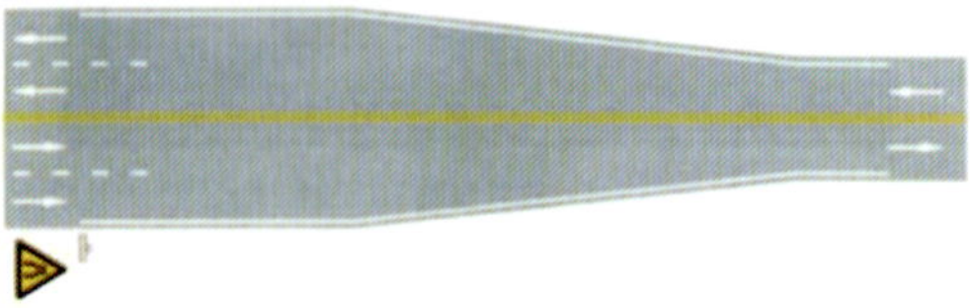

▲ 四车道缩减为两车道

▲ 三车道斑马线过渡

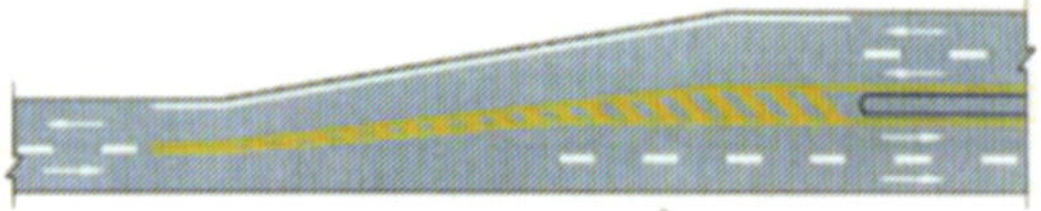

▲ 双向两车道改变为双向四车道

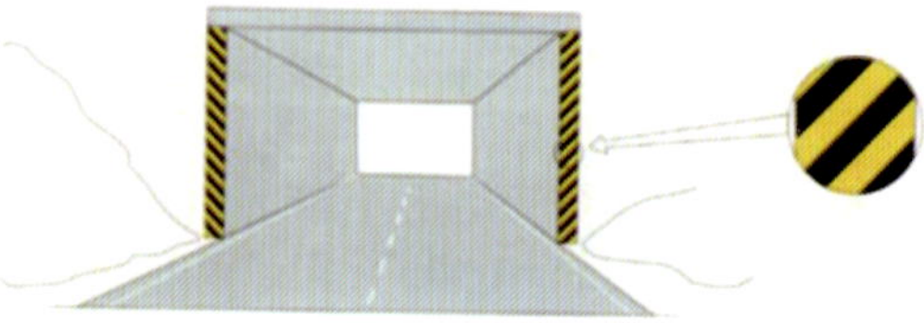

▲ 立面标记

参考文献

[1]《中华人民共和国道路交通安全法》(全国人大常委会,2011 年修正)

[2]《中华人民共和国公路法》(全国人大常委会,2017 年修正)

[3]《刑法》修正案八(全国人大常委会,2011 年)

[4]《中华人民共和国道路交通安全法实施条例》(国务院,2004 年)

[5]《中华人民共和国道路运输条例》(国务院,2019 年修订)

[6]《机动车交通事故责任强制保险条例》(国务院,2016 年修订)

[7]《机动车登记规定》(公安部,2012 年修订)

[8]《机动车驾驶证申领和使用规定》(公安部,2016 年修订)

[9]《道路交通事故处理程序规定》(公安部,2017 年)

[10]《机动车驾驶员培训管理规定》(交通运输部,2016 年修订)

[11]《关于依法惩治妨害公共交通工具安全驾驶违法犯罪行为的指导意见》(公安部,2019 年)

[12]《绿色出行行动计划(2019—2022 年)》(交运发〔2019〕70 号,中国交通运输部等 12 部门和单位,2019 年)

[13]《关于进一步加强和改善老年人残疾人出行服务的实施意见》(交运发〔2018〕8 号,交通运输部等 7 部门,2018 年)

[14]《关于加强交通出行领域信用建设的指导意见》(发改运行〔2017〕10 号,国家发改委、交通部、公安部等,2017 年)

[15]《山东省实施<中华人民共和国道路交通安全法>办法》(山东省人大常委会,2008 年)

[16]《济南市道路交通安全条例》(济南市人大常委会,2014 年)

[17]《济南市文明行为促进条例》(济南市人大常委会,2018 年)

[18]《济南城市道路交通安全与管理设施设置导则》(济南市公安局、济南市城乡建设委员会、济南市市政公用事业局、济南市交通运输局联合发布,2016 年)

[19]《机动车驾驶人安全文明操作规范 第 1 部分 通用技术要求——征求意见

稿》(公安部道路交通安全研究中心,2017 年)

[20]《机动车驾驶人安全文明操作规范 第 2 部分 小型汽车驾驶技术要求——征求意见稿》(公安部道路交通安全研究中心,2017 年)

[21]《电动自行车安全技术规范》(GB 17761—2018)

[22]《道路交通标志和标线》(GB 5768—2009)

[23]《城市道路交通标志和标线设置规范》(GB 51038—2015)

[24]《城市道路交通设施设计规范》(GB 50688—2011)

[25]其他适用于交通参与者的法律、法规

后 记

“文明绿色交通，安全智慧出行”是本书确立的主旨，也是本书阐述的核心要义。从字面上理解，文明出行、绿色出行是国家支持、社会倡导、民众喜爱的现代交通出行方式，是落实“十三五”发展规划和“创新、协调、绿色、开放、共享”新发展理念的具体举措，也是维护良好交通秩序、提升道路通达能力、培育文明出行习惯的关键所在。安全智慧是构建新时代城市交通管理体系的内在要求，是推动城市治理“规则之治”与“规律之治”有机融合，破解城市交通治理难题，实现疏堵保畅发展目标的必然选择，也是衡量人民群众幸福感、获得感、安全感的重要指标。从此角度看，依法管理、有效规范城市交通行为，与城市文明程度息息相关，与社会发展水平利害攸关，与群众的热切期盼紧密相连，具有重大的现实意义和深远的历史影响。

个体角色的多重性赋予每名城市交通参与者生动鲜活的直接体验，伴随“慢行光荣，公交优先”理念的深入人心，“以车为先”到“以人为本”的重大转变，“车让车”“车让人”的文明行为蔚然成风，绿色低碳已成为先进时尚的生活方式。这些变化的背后体现了路权资源的合理化分配，反映了城市交通发展价值观由“通行效率优先”到“路权公平为重”的根本转型，有效回应并满足了人们对城市交通出行公平感、获得感、安全感日益增长的需要。因此，深入挖掘、深度梳理、深刻揭示这些变化背后的动因机理、影响因子及其行动规律，是本书要致力达成的一个重要目标。

基于上述考量和价值判断，经过反复酝酿、商议研究、审慎思考，决定将本书定位为《中华人民共和国道路交通安全法》《济南市文明行为促进条例》等法律法规的重要配套文本。它的撰写初衷并非用行政命令或其他强制方式来固化一种秩序，而是自觉遵循“以人民为中心”的发展理念，将服务指引和文明理念的倡导内化为新时代行政执法的价值追求，致力于形塑交通文明的社会认知，厚植交通安全的文化土壤，强化遵章守纪的习惯自觉，进而用城市交通行政执法水平的稳步提高，促进市民群众对法律规则的敬畏与遵从，城市交通秩序的井然有序和城市文明发展水平的持续向好。

本书从调查研究、素材积累、结构形成到编撰成稿都是集体合作完成的,遵循“集各家所长于一体”的原则。课题组成员由法学、交通工程学、社会管理学等多学科人员和交警支队相关实务工作人员共同组成。课题组对济南市近几年的交通安全情况进行了系统研究,组织了市民问卷调查,共回收有效问卷 2 243 份,为本书的形成提供了第一手资料。

本书的撰稿分工情况如下:第一篇由郭倩、邹难、刘庆华负责撰稿;第二、三、五、七、八篇和附录由邹难、郭倩、潘述亮负责撰稿;第四篇和各篇“特殊关爱”有关内容由于萍负责撰稿;第六篇和第五篇“营运驾驶”部分由冯威负责撰稿。董斌、佘勇、邢吉军、赵鹏超、王林等同志参加了本书的修改工作。

王宗岩、曹凤阳、段富勇等同志审阅了本书稿,并提出了修改意见。肖金明、邢占军、赵之祥、刘俊利等专家学者审定了本书并对本书的写作给予了指导。

本书所有的实景照片和部分插图由交警支队宣传处提供,部分插图由张恒等人进行创作绘制,文末长图部分借鉴了济南交警微信公众号的有关内容,其中文字进行了重新编写。在此向所有参考资料的原作者表示真诚的谢意!

编撰导则在国内城市尚属首例,鉴于课题组的水平有限,其中或有疏漏及不足之处,请广大读者批评指正,以利于我们以后进行版本修订时加以改进。

济南市文明交通综合水平提升课题组

2020 年 8 月

济南市文明交通行为导则
（2020版）附图

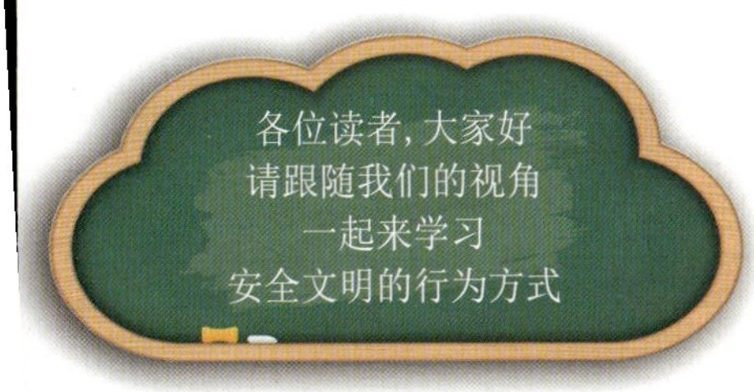

附图说明：

1. 本图中的道路相关信息为模拟情景，并非真实路段情景；
2. 本图通过搭建道路情景，使广大读者更为清晰地认知正确与错误及所需注意的出行行为；
3. 红色文字为错误/禁止类行为；
4. 黄色文字为警告/警示类行为；
5. 绿色文字为正确/鼓励类行为。

咱别停在这里
去前面的停车点。
滑行工具禁止上路。
咱们去广场人少的地方玩滑板，路上不安全。
BUS STOP
做到
序停放。
过马路请走过街设施或人行横道，不要突然从车前通过，以免发生事故。
公交车内不要吃东西，不要大声喧哗、蹦跳打闹。
动车停车位
骑行时不要手中持物或牵引动物。
TAXI

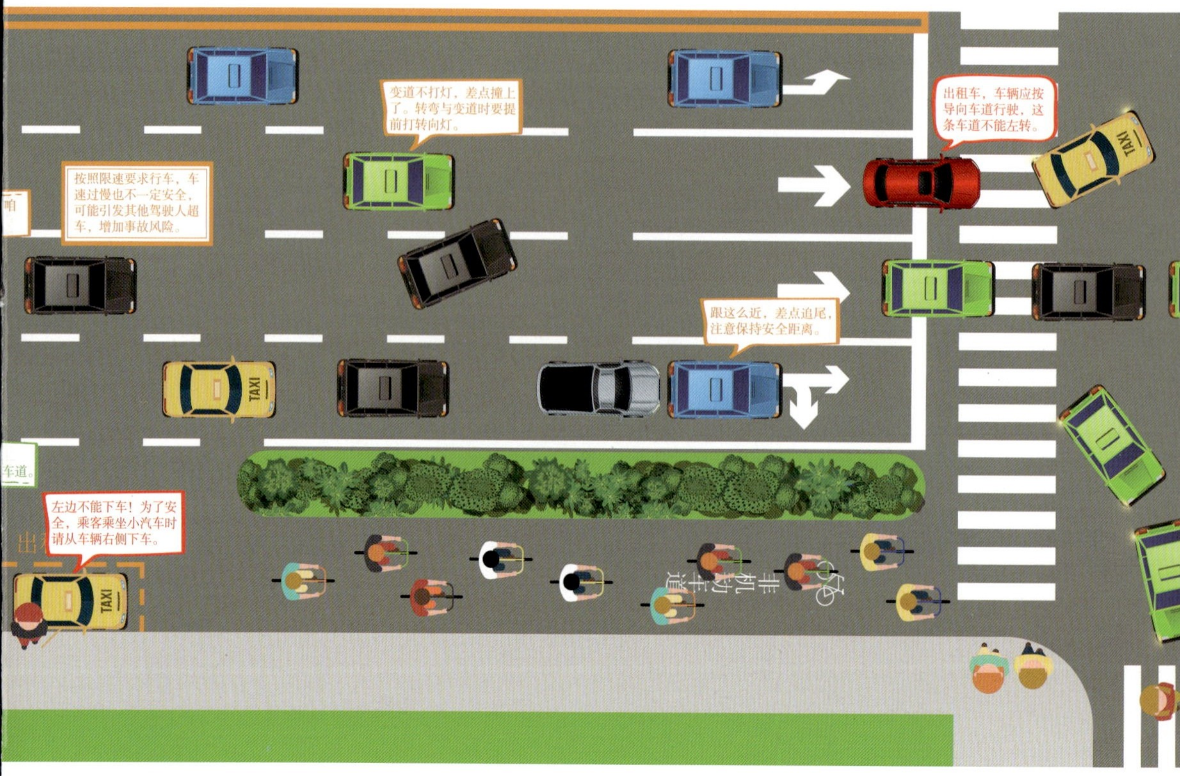
变道不打灯，差点撞上了。转弯与变道时要提前打转向灯。
出租车，车辆应按导向车道行驶，这条车道不能左转。
按照限速要求行车，车速过慢也不一定安全，可能引发其他驾驶人超车，增加事故风险。
跟这么近，差点追尾，注意保持安全距离。
左边不能下车！为了安全，乘客乘坐小汽车时请从车辆右侧下车。
非机动车道
TAXI

济南交警倡导广大读者

安全文明出行

从你我身边做起

不可以，你还小，上街需要大人陪同！
我能自己出来玩吗？
不要在道路上嬉戏打闹。
公交站台要有序排队。
快来人行道走，小心后面的车子！
我们是不是挡到后面了？
不要并排骑行。
遇到阻塞时，不要在其他车辆之间任意穿行。
非机动车道

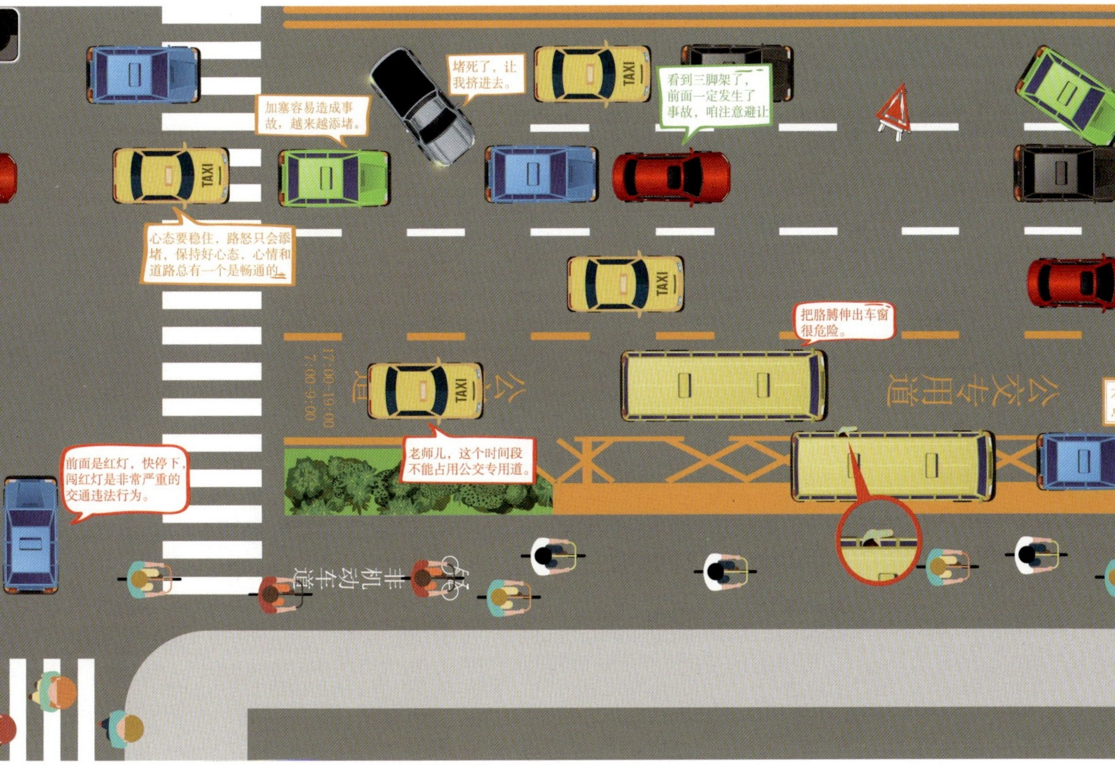
堵死了，让我挤进去。
加塞容易造成事故，越来越添堵。
看到三脚架了，前面一定发生了事故，咱注意避让
心态要稳住，路怒只会添堵，保持好心态，心情和道路总有一个是畅通的。
把胳膊伸出车窗很危险。
公交专用道
17:00-19:00
7:00-9:00
老师儿，这个时间段不能占用公交专用道。
前面是红灯，快停下，闯红灯是非常严重的交通违法行为。
非机动车道

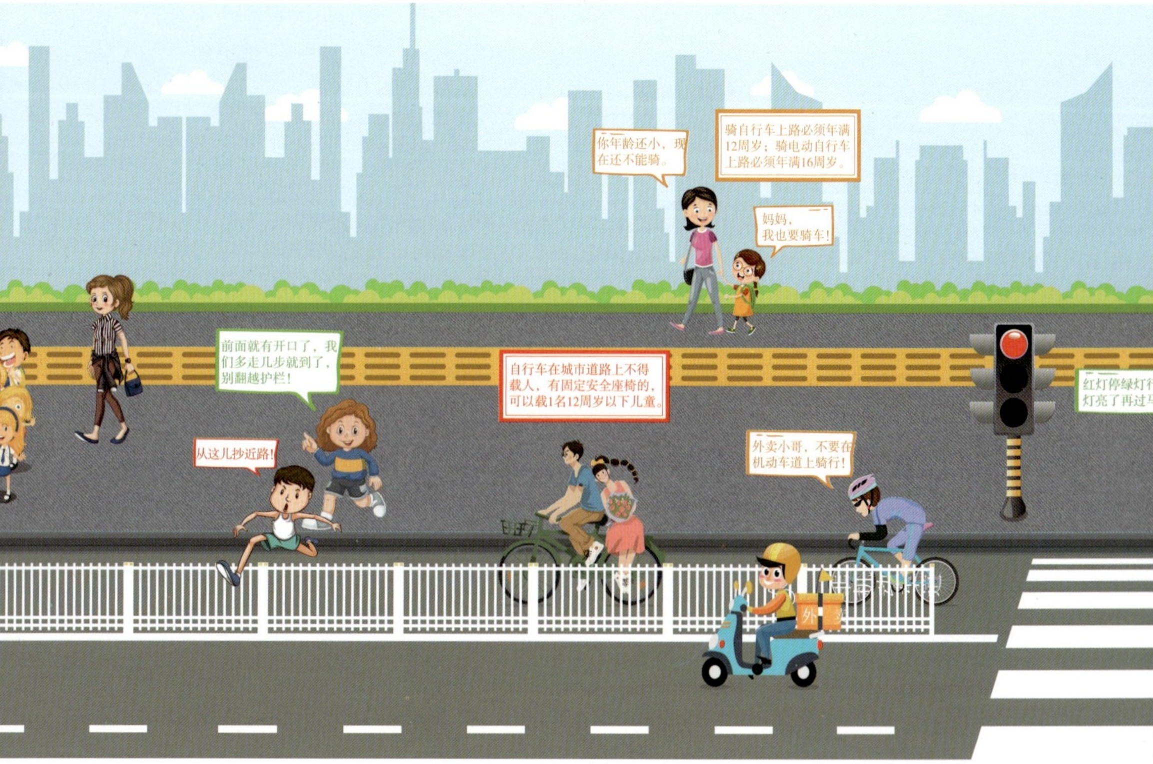
你年龄还小，现在还不能骑。
骑自行车上路必须年满12周岁；骑电动自行车上路必须年满16周岁。
妈妈，我也要骑车！
前面就有开口了，我们多走几步就到了，别翻越护栏！
自行车在城市道路上不得载人，有固定安全座椅的，可以载1名12周岁以下儿童。
从这儿抄近路！
外卖小哥，不要在机动车道上骑行！
外卖

红灯亮时，不要越线停车。
不要在导向车道内变更车道。
TAXI
限时停靠
即停即走
机动车道
非机动车道